Le Prochain Conclave

Instructions aux cardinaux

Joséphin Peladan

Alicia Éditions

Table des matières

Préface	1
Archidoxes	4
I	6
Archidoxes	11
II	12
Archidoxes du Binaire	18
III	19
Archidoxes du Ternaire	26
IV	27
Archidoxes du Quaternaire	34
V	35
Archidoxes du Quinaire	42
VI	43
Archidoxes du Sénaire	48
VII	49
Archidoxes du Septénaire	54
VIII	56
Archidoxes de l'Octénaire	60
IX	62
Archidoxes du Novénaire	66
X	67
Archidoxes du Dénaire	71
XI	73
Archidoxes de l'Unodénaire	77
XII	78
Archidoxes du Duodénaire	82
XIII	84
Archidoxes du Tertio-Dénaire	88
XIV	89
Archidoxes du Quarto-Dénaire	92
XV	93
Archidoxes du Quinto-Dénaire	96
XVI	97

Archidoxes du Sexto-Dénaire	100
XVII	101
Archidoxes du Septo-Dénaire	104
XVIII	105
Archidoxes de l'Octo-Dénaire	108
XIX	109
Archidoxes du Non-Dénaire	112

LE TERNAIRE DU SAINT-ESPRIT

XX. L'ŒUVRE DU PÈRE	115
XXI. L'ŒUVRE DU FILS	119
XXII. L'ŒUVRE DU SAINT-ESPRIT	123
L'ENCYCLIQUE	136
SATIS COGNITUM VOBIS	

PALINGÉNÉSIE CATHOLIQUE

I	147
II	150
III	152
IV	155
V	157
VI	159
VII	161
VIII	163
IX	165
X	167
XI	169
XII	171
XIII	173
XIV	175
XV	177
XVI	179
XVII	181
CONCLUSION	183
À NOTRE TRÈS SAINT-PÈRE LE PAPE	184
CONTEXTES	185

Préface

Lorsque Sixte-Quint fit dresser, sur la place Saint-Pierre, le grand obélisque d'Héliopolis, Fontana calcula mal la tension des cordages, et le prodigieux monolithe allait se briser devant cette foule, muette sous peine de mort :

Acque alle funi ! cria un certain Bresca. En effet, de l'eau aux cordes suffit au succès de l'opération.

Comme ce Bresca, parmi la foule, j'ai vu la grande unité catholique en danger, par la faute des Fontana, comme lui j'ai crié :

Petrus est Romanus, sit humanus !

Bresca, dit l'histoire, ne fut point décapité ; il reçut, avec transmission à tous ses descendants, le privilège de livrer, à l'église de Saint-Pierre, les palmes du dimanche des Rameaux.

L'auteur du *Prochain Conclave* n'attend aucune récompense ; en religion, il prononce seulement le mot de Kundry régénérée : *Dienen !* Servir ; heureux si la nature un peu haute de ses services ne les fait pas calomnier.

En matière catholique, il y a trois sortes d'écrivains : les bedeaux, les francs-maçons et les prêtres.

Les uns vivent de leur affirmation, les autres de leur négation, et les prêtres même bien intentionnés et lucides se taisent sous la perpétuelle menace de leur évêque assermenté.

Ceci est le livre d'un catholique, reconnaissant la sublimité de l'infaillibilité du pape et aussi étroitement gironé à l'Église qu'aucun vivant, mais s'arrogeant une prérogative qui appartint historiquement à quatre puissances occidentales : *le droit d'exclusion.*

Le cardinal Albani signifiait, au nom de l'Autriche, en 1824, l'exclusion du cardinal Severoli.

En 1846, l'exclusion de l'Autriche arriva trop tard et le cardinal Mastaï fut nommé. En 1831, l'Espagne s'opposa à l'élection du cardinal Gustiniani.

La raison humaine vaut sans doute la raison d'État, et on ne repoussera pas le point de vue, parce qu'au lieu d'exprimer l'égoïsme d'un pays, il manifeste la nécessité de l'Occident.

Dernière précaution oratoire et qui n'étonnera que les ingénus : la seule façon d'être entendu au Vatican consiste à parler à la cantonade ; le scandale seul, avec l'intrigue, passe la porte de bronze.

Il faut susciter la stupeur des fidèles pour déchirer la surdité des pasteurs.

Un cardinal n'écoute que lorsqu'on l'a rendu inquiet : le Saint-Père ne voit que la chose imprimée et qu'il exige voir, d'après la foi des journaux.

Guillaume Postel, envoyant sa *Clé des choses cachées* aux Pères du concile, usurpait sur la théologie ; et les derniers qui ont écrit sur le Conclave se sont trop attachés aux personnes. Ce livre ne nomme pas un seul membre du Sacré Collège ; il interprète la physionomie du pape, telle que le touriste lui-même la perçoit, avec la seule protection de son hôtelier.

Point de secrets révélés ; ni de conversation transcrite, mais seulement deux questions développées implacablement.

Quelle est la papauté actuelle ?
Que doit être la papauté prochaine ?

Il s'agit donc de l'abstrait papal, abstraitement étudié.

Lorsque Leverrier découvrit Neptune par un calcul à quatorze inconnues, il avait opéré intellectuellement, sans télescope.

Ainsi, par la seule logique, va être formulée la plus formidable réforme qui ait été proposée à l'Église par un de ses vrais fils.

L'auteur de la *Décadence latine* était à Rome en 1881 et au retour il terminait sa première œuvre par *Finis latinorum*.

Aujourd'hui, il revient de Rome, il a retrouvé Michel-Ange et Raphaël, toujours plus grands, toujours aussi papes ; mais il a vu l'Église elle-même, en tel péril, que se faisant une mission de la nécessité, dans le silence terrible qui se fait autour de l'unité catholique oscillante, il vient crier : *Acqua alle funi !* c'est-à-dire : *Petrus est Romanus, sit humanus*. Car le successeur de Léon XIII apparaît dans les ténèbres de l'avenir, comme le seul espoir de la civilisation menacée !

Archidoxes

I. — Le catholicisme est, actuellement, la forme collective de la vérité, parmi les religions.

II. — Qui pense, adhère au catholicisme, même sans y croire ; parce que l'humanité d'Occident ne connaît aucune autre source de pouvoir spirituel. On peut douter de sa perfection, non pas de sa nécessité.

III. — L'heure est venue d'établir un concordat entre le catholicisme et l'humanisme.

IV. — L'humanisme est, littéralement, l'acquêt humain, c'est-à-dire la doctrine de l'expérience historique, philosophiquement exprimée.

V. — Le catholicisme est cette religion qui a fait l'Occident.

VI. — L'autorité de l'humanisme ressort du consensus des génies.

VII. — L'autorité catholique est perpétuellement incarnée en la personne du souverain pontife ; il est infaillible en matière doctrinale, parce que, doctrinalement, il est impersonnel ; il sert de forme au Verbe de la catholicité entière, il est par son cerveau le lieu de la manifestation divine, sans que sa valeur personnelle y participe aucunement.

VIII. — L'infaillibilité, avant d'être définie en dogme, l'était en logique :

IX. — Au domaine spirituel, le chef accepté est à la fois réceptif de toutes les aspirations et de toutes les lumières, et le condensateur de ces aspirations et de ces lumières.

X. — Un suprême pontife réalise toujours la totalité de sa communion, lorsqu'il pontifie, c'est-à-dire lorsqu'il s'abstrait de toute humanité.

XI. — Le mot religion a deux sens également vrais ; il signifie l'acte de relier entre eux le plus grand nombre d'êtres par un idéal pratique ; et aussi de relier ces êtres avec le monde supérieur de causalité.

XII. — Que le Saint-Esprit descende ou que la religion hausse l'homme, ce sont là des modalités d'expression. Le fait est celui-ci : quand beaucoup d'êtres s'assemblent dans l'aspiration au divin, il se produit un phénomène : une âme naît de toutes ces âmes émues, une âme collective qui les synthétise. Mais la destinée ou le devenir de l'âme, c'est l'esprit, comme la destinée ou le devenir du sentiment, c'est l'idée.

XIII. — Comment s'opérera la spiritualisation, l'idéification de l'âme religieuse ? En s'incarnant pour y être formulée dans le cerveau du suprême pontife ; telle est l'explication du vers orphique : Merodack (Jupiter) est l'époux et l'épouse immortels.

XIV. — Dogmatisant, le pape n'est pas un théologien, mais l'autel où s'opère un mystère.

XV. — Donc, la papauté est un sacrement extraordinaire qui tient à la fois à l'ordre dont il est sommet et au mariage dont il forme la transfiguration ; il confère à celui qui en est revêtu la qualité momentanée d'époux de l'Église. Donc, nier l'infaillibilité du pape, c'est rejeter toute religion, et aussi ignorer l'essence des religions.

XVI. — Le pape dogmatisant est surnaturel, puisqu'il n'agit point ; il se trouve mû par l'âme collective catholique, à laquelle il sert de principe positif et émissif.

XVII. — Le pape gouvernant est réduit à ses propres lumières et relève de la raison ; il doit des garanties à l'humanisme.

XVIII. — J'entends par garanties d'un pouvoir les principes auxquels tous ses actes se conforment, sous peine de déchéance.

XIX. — Les garanties réclamées par l'humanisme sont limitées aux évidences physiques et métaphysiques de la philosophie la plus générale, c'est-à-dire aux principes rationnels.

I

Quel est l'homme le plus puissant du monde occidental, réunissant le triple prestige d'une dynastie ininterrompue depuis bientôt deux mille ans, d'une existence qui importe à tous les sceptres en main, et d'une pérennité par laquelle demain, sorte de phénix, il renaîtra renouvelé, dans sa mort même ? Quel est cet homme, sans aucune gendarmerie, fort par lui-même, dont la volonté suffirait à modifier instantanément l'âme européenne, dont la parole contrepèse les glaives mis en faisceau des républiques et des empires ?

Cet homme, c'est le Pape.

Il y a d'autres religions, il n'y a qu'un pape. Le judaïsme n'est qu'un instinct ethnique ; le protestantisme une anarchie bourgeoise. Même parmi les Musulmans ou les Grecs, la survenue d'un grand homme ne changerait rien au mouvement universel.

Initiez par la pensée et le tzar et l'empereur d'Allemagne, ils resteront bornés par leur pays et leur race, double source d'injustice et de péché.

Seul le pape est sans patrie, isolé en hauteur de tout ce qui limite les porte-couronne : il ne doit rien qu'à Dieu, participant à l'intémérabilité de son Créateur, et littéralement déshumanisé par sa fonction.

Il est invincible : parce qu'il est Verbe ; les canons des arsenaux tonnant à la fois ne couvriraient pas le *benedico* ou le *maledico vos* de ce prêtre blanc ; après le vacarme, après la fumée, la parole du vieillard vibrerait encore virtuelle. Les choses de chair et terre se disputent avec de la force ; on ferme une bouche, on fait un cadavre d'un vivant, on n'oppose pas un fait à une idée. Seule une parole triomphera d'une autre parole.

Eh bien ! l'homme tout-puissant, l'homme invincible, pour qui il n'y a ni succès ni revers, qui seul ne doit point s'enquérir de la suite d'un acte, n'est-il pas désigné pour verbifier ce rêve de justice idéale, que beaucoup d'hommes portent obscurément, en eux.

Supposez ? demain, une bulle confessant les nobles aspirations de la conscience humaine et les promulguant *urbi et orbi*, sans égard ni au temps, ni aux personnes, ni aux conséquences, ni surtout aux intérêts cléricaux : supposez un pape abstrait, frappant la médaille métaphysique, avec l'impassibilité d'un balancier, semant sur ce monde des écus une pluie de vérités. Quelle stupeur, quelle incrédulité d'abord, et bientôt, à l'évidence, quel enthousiasme et quelle conquête subite de toute bonne volonté, de toute lucidité !

Car ces paradoxes et ces hérésies des gnostiques et des métaphysiciens légitimement combattus et réprouvés chez l'individu sans mandat, deviendraient de la lumière sur les lèvres synthétiques qui seules doivent prononcer.

Le pape n'est pas seulement le puissant devant le siècle, il est le masque sacré de la divine parabase.

Or, comme lui seul a le droit de parler je pense qu'il faut le faire vouloir, LUI, le successeur de Léon XIII, *ignis ardens*.

Léon XIII appartient à l'histoire ; il s'agit ici non de ce qu'il a fait, mais de ce qu'il ne fera point.

Or, il ne fera point l'acte seul catholique de l'universalité ; il ne déchirera pas le pacte séculairement infâme des patries, il ne renversera pas la frontière homicide, il ne renoncera pas son propre pays, il mourra comme il est né, *Italien*, il finira comme il a commencé, en pape romain et non humain, grand peut-être pour le public commun, mais politique, c'est-à-dire laïc.

Les énergumènes de tout temps perdirent les meilleures causes, et la matière chrétienne ne supporte pas les violences : ce n'est pas à Castelfidardo que la Papauté triomphe, certes.

Mais si l'affaire humaine demande une menée humaine, l'affaire divine s'opère par d'autres ressorts, et le Saint-Père apparaît le dernier vivant, qui devrait s'enorgueillir de l'épithète de politique.

Le héros, en esthétique, préfère un idéal à soi-même ; il se détermine sur une conception, dans l'absolu mépris des faits.

Or, si le pape ne produit pas l'effet d'un héros perpétuel, il quitte la tiare et se couronne, c'est-à-dire se laïcise.

Voici un humaniste, que dis-je, un homme qui passe pour savoir la divine comédie : enfer, purgatoire, paradis, entièrement par cœur, et qui cicéronise si misérablement qu'aucune notion claire ne sort de la plus longue encyclique.

Une série de lieux communs exprimés, par les termes les plus vagues possibles, permet à chacun d'y voir ce qui lui plaît. Vainement, on protestera que le vicaire de Jésus-Christ ne doit pas compromettre son infinie dignité à des précisions trop étroites et qu'il lui convient d'être obscur.

Les fidèles ont besoin de formules lucides et de règles appuyées ; une pensée qui hésite est bien près d'une erreur et l'expression qui dissimule, en simples lettres, se qualifie malhonnête.

Qui donc, je ne parle ni des dévots obtus, ni des prébendés, qui donc a été satisfait et conforté par les encycliques papales ?

Remarquez-le, nous ne demandons pas au vicaire de Jésus-Christ de vaincre, mais de combattre ; de convaincre, mais de proférer ; d'agir, mais de parler.

Chose prodigieuse ! Le seul homme qui ne court aucun risque, n'ose rien : je ne parle pas de cette audace, qui serait fanatique et pousserait à renouveler des crimes espagnols ou portugais. Le pape persécuteur ne se conçoit pas, ni le pape guerroyeur : et la cuirasse de Jules II suppose le casque, non la tiare : il ne s'agit pas de prélever sur le denier de Saint-Pierre des subsides pour Ménélick, mais de proclamer *urbi et orbi* l'impiété de cette guerre et la justice présente, au seul camp éthiopien, et de frapper d'anathème le camp italien.

Au lieu de cela : l'auguste vieillard se trouve mal en apprenant la défaite italienne, décommande les *Te Deum* de son incoronation et fait communiquer aux journaux son accès scandaleux de patriotisme.

Comment reconnaître dans ce sentimental vieillard, dans cet animique partial, l'être abstrait et le père des peuples ?

Ce pape, qui s'évanouit presque d'amour national, est cependant prisonnier de l'Italie. Quels seraient donc ses sentiments, si ses concitoyens n'étaient pas ses geôliers ?

Se libérer des attaches de lieu est le premier acte de toute ascèse. L'élévation de l'individu impose sa dissociation d'avec son groupe. Or, quel destin impose une dépersonnalisation plus absolue que la papauté ?

Il faut que toutes les voix qui parlent dans l'homme général se taisent dans le pontife, sinon la voix d'en haut ne lui parviendra pas.

On comprend que les concierges d'hôtel soient Autrichiens, les cuisiniers Français et les charbonniers Auvergnats, mais la plus haute charge de l'humanité ne doit pas être nécessairement italienne. Pourquoi le chef de tant de millions de catholiques est-il pris parmi les 25 millions d'Italiens ?

Il n'y a aucune raison affirmative et combien de dirimantes ?

Ici, l'unité s'appelle l'universalité. Il est légitime qu'on veuille un roi de sa race, mais pour un pape, y a-t-il une autre race que celle exprimée au mystérieux Évangile de saint Jean ; et les vertus papales, si elles impliquent les vertus ordinaires, n'en sont pas moins extraordinaires, en essence.

Le pape, n'ayant ni supérieur, ni égal, serait au-dessous de son mandat, s'il ne réalisait que l'idéal du parfait chrétien.

J'ai demandé comment le comte de Chambord pouvait communier, car je n'estime pas qu'on pût lui donner l'absolution : il a manqué au devoir royal.

Or, de tous les devoirs d'un homme, le plus impérieusement précis est celui qui le rend bon ou mauvais à autrui.

Et quoique l'égoïsme ait su se faire prébender par tout le clergé, la théorie du chacun pour soi, en fait de salut, ne mènerait au ciel que de dérisoires élus. Le passant, le manant, dans le sens de celui qui ne tient à rien et auquel nul ne tient, se peut contenter d'une telle notion.

Mais l'homme qui commande à d'autres hommes répond de tous ceux qui l'écoutent et le suivent. Or, les responsabilités papales sont effroyables : il faut d'abord que le pape se dualise, réceptif des aspirations de la catholicité et recteur de ces mêmes aspirations.

Deux natures doivent paraître dans le vicaire de Jésus-Christ : il doit sentir avec l'âme moyenne de l'univers, il doit agir avec l'esprit surélevé de la Norme.

Le pape est l'homme médian entre le Verbe et l'humanité ; le cœur du monde vient battre dans sa poitrine et la pensée divine se réaliser dans son cerveau.

Personne ne niera qu'avant toute chose, Léon XIII enquête sur la propicité habile de ses paroles et de ses actes.

Choisissant le fait religieux le plus formidable que j'ai vu et qui dure encore, les religieux de Soleysmes vivant à la porte de leur couvent occupé par la gendarmerie !

Que suggérerait à son chef l'humanité sentimentale, une manifestation attendrie et indignée, et une pluie de dignités sur ces victimes, deux fois augustes et par la foi et par la science !

Et le Verbe, s'il descend au cerveau pontifical, le Verbe fulminera ! Pourquoi le Verbe n'a-t-il pas fulminé ? par prudence humaine.

En cette circonstance, le pape a été le parfait avoué du catholicisme, mais il n'a pas été le pape. Songez, dira-t-on, aux conséquences d'une parole papale ? Et la question, je vais la poser caricaturale. Qu'appelle-t-on un jacquemart ? Un automate qui frappe les heures. Eh bien, le pape de demain sera cela, le jacquemart qui frappe l'heure d'éternité, c'est-à-dire qui, dans les conflits du péché universel, donne le rythme de l'absolue vérité.

Si, à telle heure sonnant, un massacre devait avoir lieu, le jacquemart sonnerait et le pape, lui, ne frappera pas ; lui, l'Abstrait, n'égalera pas l'automate en sa fonction !

L'heure de Rome, c'est l'heure d'éternité, et si les intérêts humains et les vaines prudences sont tous les rouages, comment l'humanité se guidera-t-elle ?

Chaque fois qu'un conflit s'élève, une voix doit prononcer abstraitement, la voix de Pierre.

La parole du génie même, peut être oiseuse et insolente.

La parole pontificale est nécessaire.

Ou bien le pape enferme la conscience de l'univers, ou bien le catholicisme n'est qu'une religion parmi les religions, une hégémonie de cierge italien, sur une partie de l'Occident.

Archidoxes

XX. — Il n'y a qu'une unité au monde : l'Église. Il n'y a qu'un acte important, affermir et étendre cette unité.

XXI. — Cet affermissement et cette extension exigent que la papauté satisfasse non plus seulement à la conscience chrétienne, mais à la conscience universelle.

XXII. — Le pape est le masque sacré d'où sort la divine parabase.

XXIII. — Le pape qui se souvient de sa patrie renie la Patrie éternelle.

XXIV. — Le pape est l'homme médian entre le *Logos* et l'humanité, le capelmeisler de la civilisation, il rythme les mœurs et conduit les pensées, selon l'harmonie providentielle.

II

L'Église est le triple total de ceux qui ont cru en elle, de ceux qui y croient, de ceux qui y croiront. Chaque fois qu'une idée se renouvelle par de nouveaux chevaliers, elle participe aux virtualités d'autrefois. Saint Denys et saint François sont latents ecclésiatement, et le présent s'opère entre les ovulations du passé et les puissances d'être de l'avenir : voici sa force exprimée.

L'Église est aussi la triple routine de ceux qui ont manqué de zèle, de lumière, de ceux qui en manquent, de ceux qui en manqueront ; Torquemada et Dubois sont latents ecclésiatement, et l'avenir s'importune sans cesse des impuissances d'être, virus de ses maladies : voilà sa faiblesse.

Et cette force et cette faiblesse sont comme l'ange et le diable du Pape et de l'Église.

L'expérience tient un double langage, suivant que l'enthousiasme ou la médiocrité l'interroge : l'expérience bifrons a été figurée par Cervantès en Don Quichotte, le héros ridicule, Sancho le rationaliste ridicule, et nul n'est assez beau clerc pour ôter à l'un son auréole, ni à l'autre son bon sens.

Supposons que la pensée du souverain pontife s'arrête sur le Décalogue et qu'avant la confession, il s'examine ? Quelle différence de point de vue paraîtra ?

L'humanité, pour lui, se divise en fidèles, infidèles, hérétiques, schismatiques, excommuniés et apostats.

Les fidèles sont de deux sortes : les clercs et les laïques, pasteurs et troupeau. Le peuple castillan n'était pas plus vague et indécis pour une infante d'Espagne que la laïcité catholique l'est pour le Saint-Père : rien d'elle ne lui parvient. Le pape ne connaît que les prêtres ; quand il voit des laïques, c'est sous forme de pèlerinage acclamatif. Il est dans le cas d'un souverain qui ne saurait que l'avis de ses courtisans et de ses officiers. Supposez un instant la visite *ad apostolos* de l'archevêque de Paris, et supputez la valeur des informations qu'il apporte !

Donc, le Saint-Père ne connaît que ses gentilshommes et ses domestiques, non pas ses peuples.

Tout ce qui n'est ni catholique, ni protestant, ni grec, est infidèle, c'est-à-dire 600 millions d'êtres sur un milliard.

Une congrégation, la Propagande, est affectée aux deux tiers de l'humanité, et il y a une congrégation spéciale pour Lorette !

« Un hérétique, dit Bossuet, est celui qui a une opinion à lui, qui suit sa propre pensée et son sentiment particulier », et, d'après cette formule, l'individu seul est hérétique. L'Inquisition avait créé une catégorie curieuse, les hérétiques négatifs ; « ceux-ci déclarant avoir horreur de la doctrine dont on les accuse et faisant profession de croire les vérités opposées » ! ! !

Je pense que l'immeuble de la Via del Colonnato serait brûlé sur l'heure, si cette doctrine y était encore professée : je pense même qu'à une époque où l'histoire commence à être connue, il ne convient pas que le pape soit préfet de l'Inquisition et qu'un palais se titre encore du nom de Saint-Office.

Le schisme est le cas du membre de l'Église qui s'en sépare et cherche à opérer une Église dans l'Église.

Il faut prendre garde, en lisant même Bossuet ou Fénelon, à la portée ridicule de ces mots de gentils et de païens.

Sauf Platon, que de primitifs docteurs ont apprécié, un mépris sans borne est toute l'opinion chrétienne sur l'humanité, une seule race exceptée, Israël.

Caractère essentiel, le catholicisme se propose à tous comme moyen de salut ; et, par conséquent, de créer les plus harmonieux contacts avec ce qu'on appelle la Gentilité.

Le pape entretient un nonce auprès de M. le président de la République française athée, et accepte, à Rome, l'ambassadeur de cette même république : et cela n'a pas besoin de légitimation.

Mais ni à la Mecque, ni à Bénarès, le pape n'est représenté ; il n'accepterait pas à Rome un mandataire de l'islamisme ou du bouddhisme.

Il est beau de devancer son siècle, mais cela n'est pas exigible ; il est absurde de retarder sur son siècle ; cela n'est pas supportable pour le chef des âmes d'un hémisphère.

Il y a un demi-siècle à peine que la culture latine perçoit les quatre mille ans de l'histoire antérieure à Moïse : les livres sacrés de l'Orient sont à peine traduits ; comment donc incriminer un vieillard de n'avoir que la science de son propre temps d'étude ? Ni Pie IX, ni Léon XIII ne pouvaient connaître les grandes religions : ils appelaient les Hindous des idolâtres et auraient cru manquer à leur fonction, troubler et trahir l'âme chrétienne en saluant les beautés des autres cultes. Le prêtre ou le dévot qui se débat pour nier les missions bouddhiques montre un zèle louable.

Seulement, il faut bien expliquer en quoi la véritable Église est immuable.

Serait-ce dans cette ignorance qui tient aux phases successives et lentes d'une civilisation ?

On a traduit longtemps que la femme de Loth fut changée en statue de sel (nitrifiée) : il y a en hébreu qu'elle fut pétrifiée, c'est un figuré qu'on a pris au propre.

De nos jours, le père Ventura attribuait au démon l'action magnétique et le père Monsabré défendit en pleine Notre-Dame la sainte inquisition : dans les histoires à l'usage des séminaires, on donne la date de la création du monde. Ces gens-là retardent sur leur siècle. Pascal, le grand Pascal, ne convertirait pas un seul intellectuel de notre temps : la plupart des apologistes ont fait un grand bien autour d'eux : leur action n'a pas dépassé leurs contemporains.

Cimabue, Giotto, Masaccio et Raphaël sont les étapes d'un même art : que diriez-vous du jeune peintre qui copierait Cimabue ? Ainsi, l'Église, sous peine d'absurdité, évolue avec l'époque dont elle est le salut.

Si l'on devait transporter des reliques outre-mer, serait-il sage de les confier à une caravelle du temps de Colomb ? Serait-il pieux de mettre un moine en prières au gouvernail, au lieu d'un timonier expérimenté, et s'il y avait gros temps, ne faudrait-il pas regarder les cartes et prendre son point, au lieu du bréviaire et du chapelet ?

Je crois que la foi soulève plus lourd que les montagnes, mais il la faut telle que jamais les vrais saints n'ont eu la fatuité bizarre de tenter Dieu et de remplacer le mérite de toute l'humanité, c'est-à-dire la science, par leurs mérites privés.

La suprême prière, c'est l'œuvre ; il y avait peut-être de saints moines au couvent de San Marco, à Florence, aujourd'hui désert. Que reste-t-il de leurs vertus ? Tandis que, tous les jours, vingt indifférents sont troublés et effleurés de la grâce par les toutes-puissantes fresques de ce saint qui a su empreindre son âme mêlée à du ciel, au mur des cellules.

Si les mitres étaient toutes le prix d'un concours, seraient-elles moins orthodoxes ?

Si, au lieu d'ânonner des bribes catéchistiques, les sermonnaires n'étaient que les récitants des grandes partitions homélétiques ; si on disait, l'abbé un tel exécutera le grand carême de Massillon, serait-ce moins parole divine parce qu'elle serait humainement belle ?

Si, au lieu de commander le maigre aux vendredis, ce qui ne frappe que les pauvres, on disait : « Ce jour-là, chacun doit se priver » ?

Si les paroles de la sainte messe n'étaient pas scandées par le bruit de l'argent, et qu'on ne tînt pas, tout le temps, le porte-monnaie à la main ?

Si on rejetait, à la fin du mystère, toutes les petites affaires de la sacristie qui suivent l'évangile, si enfin on venait à une conception rationnelle de la religion, serait-ce donc la trahir ?

La routine est comme la sueur qui accompagne un mouvement prolongé, comme un encrassement de l'âme ; le divin catholicisme traîne à ses pieds célestes des boues séculaires : qu'il soit permis à un de ses fils de les lui laver.

L'Église est l'adhésion au Verbe de Jésus-Christ et l'obédience au pape son vicaire.

L'Église naquit de Jésus, et appeler Église primitive la série des patriarches, est une risée. Si on entend par Église primitive les religions antérieures à notre ère, il faut donner à toutes la préséance sur le judaïsme.

L'Église est une, sainte et apostolique.

« Nous avons été baptisés pour former un seul corps et avoir un même esprit. Il ne doit point y avoir de divisions dans ce corps, mais tous les membres doivent s'aider mutuellement ; si l'un souffre, tous doivent y compatir ; si l'un est en honneur, c'est un sujet de joie pour tous. Vous êtes corps de Jésus-Christ et membres les uns des autres. »

Saint Paul s'adresse ici à la cantonade universelle ; il exprime l'idée de catholicité. Mais les commentateurs disent avec ignorance et mauvaise foi que l'Église romaine est la plus étendue des Églises et ajoutent : « Un simple fidèle n'a pas besoin de vérifier ce fait pour former sa foi. »

L'unité et l'apostolicité, qui n'est que l'unité en mouvement d'extension, nécessitent une orientation différente de celle des derniers siècles. L'Église se compose, au point de vue de la chaisière, de ceux qui viennent à la messe ; à hauteur papale, l'Église se compose de l'humanité envisagée comme âme universelle à sauver.

L'âme du monde, voilà la matière livrée au travail du pontife, et les orthodoxes sont les ouvriers désignés de l'opération sur les divergents.

Quand la papauté laissait faire les grillades humaines d'Espagne, elle n'avait cure de l'opinion humaniste ; aujourd'hui, la providentielle impuissance de la religion la force à répondre aux légitimes interrogations de l'esprit.

Le catholicisme n'est vérité que s'il agit sur le plan universel ; il devient un fléau et un immense sacrilège s'il se localise et se teinte de race et de patrie. L'épithète de religion romaine que j'ai employée avant d'avoir percé l'ombre vaticane me paraît maintenant un blasphème. Que Rome soit parmi les villes ce que Saint-Jean de Latran est parmi les églises d'une ville, soit, mais rien de plus.

L'évêque de Rome n'est rien qu'un évêque, et le pape est le vicaire de Jésus ; comme l'évêque doit siéger dans son diocèse, si la papauté quitte Rome, le pape sera évêque du lieu où il siégera ; le reste est un fatras de bedeaux âpres au gain.

Si on voulait attirer en un lieu des gens de race diverse, on l'accommoderait de façon à ce que les habitudes ou les susceptibilités fussent satisfaites : ainsi la religion doit s'offrir aux hommes les plus divers, immuable en ses principes, diverse en ses abords.

Le pape n'envisage que le clergé, et le clergé que les paroisses : on pense à conserver le troupeau et non à l'augmenter, la religion se féminise et prend les vices de ceux mêmes qu'elle accepte. C'est un grand scandale que les communions fréquentes de ces vieilles provinciales qui calomnient de l'aube au soir, et c'est un scandale permanent.

Veut-on un exemple de ce qui ne doit pas être : c'est le confesseur en permanence derrière le toril, dans les tauromachies d'Espagne. Les saints canons ne permettent pas de tenir préventivement l'absolution à la portée d'un excommunié blessé ; la religion, de même qu'elle impose sa langue liturgique, doit imposer ses mœurs à toutes les races et non point se modifier au gré ethnique. Tous les participants d'une course de taureaux sont excommuniés et cependant plusieurs dînent chez l'évêque, le soir de l'infamie. Des prêtres, en costume, assistent aux jeux du cirque sanglant, à la fin du XIXe siècle, et non pas à Rome, à Nîmes, et pendant que ces crimes offensent le soleil, le pape reçoit des évêques qui mentent et des diplomates qui s'ennuient.

L'Église a les mêmes mauvaises coutumes qu'une monarchie ordinaire ; le pape n'a de contact qu'avec la politique, jamais avec la mystique, et si quelque fidèle veut s'avancer jusqu'à son chef, on lui répond « l'Église exerce, envers les fidèles, deux fonctions : elle les instruit par les vérités qu'elle leur propage et les gouverne par les commandements qu'elle leur fait. Croyez ceci et faites cela : obéissance de l'esprit, obéissance du cœur ». Cela est fort bien dit, mais l'Église c'est le pape, et le pape ne laisse-t-il pas énoncer de routinières absurdités. « L'Église est une, par le temps, car c'est la même Église qui a duré sous la loi de nature, depuis Adam et Abel le Juste jusqu'à Noé ; de Noé à Abraham ; d'Abraham à Moïse ». Ce qu'il faut l'écrire ainsi :

« Jésus-Christ a réalisé toute l'attente de l'âme humaine et couronne par son incarnation les efforts religieux de l'humanité. » Quant à ces Rothschild de l'histoire qui ont accaparé les origines du monde comme l'or des peuples latins, qui ont drainé la mysticité des chrétiens comme leur escarcelle, il est temps de les chasser du temple et de ne plus attribuer au Saint-Esprit quelques chefs-d'œuvre de littérature qui ont leurs égaux.

Au cours de ce livre, je prie que l'on se souvienne que je refuse l'Ancien Testament comme livre sacré : si cette assertion, qui comporte une censure, la subit, — je me défendrai, selon saint Thomas, car il ne suffit pas que la papauté soit diplomatique, il la faut encore conforme à celui qui l'a créée, par sa mort sur le Golgotha. Quand un évêché catholique permet aux vicaires de sa cathédrale de paraître en costume aux courses de taureaux, il n'a plus le droit de blasphémer ni le védisme ni le bouddhisme qui, eux, étendaient la charité jusqu'à l'animal.

Archidoxes du Binaire

XXV. — Le mérite et le démérite suivent leur auteur en une succession indéfinie jusqu'à l'aboutissement du devenir.

Ainsi, tout collectif vivant porte avec lui le rayonnement de ses vertus et l'ombre de ses erreurs.

XXVI. — L'Église, forte par la communion des saints, est faible par la communion des Torquemada et des Clément V.

XXVII. — Le catholique est celui qui croit à la divinité de Jésus-Christ et qui obéit au pape, son vicaire.

Cette foi et cette obédience n'impliquent pas l'abdication du raisonnement.

XXVIII. — L'apostolicité de l'Église lui impose de suivre le mouvement intellectuel, pour le diriger.

Or, le mouvement intellectuel rejette Israël au plus bas de la science des religions et découvre d'autres grands précurseurs au christianisme.

III

C'est un embarras extraordinaire d'être forcé d'examiner, quand on se sent poussé à la vénération, et de scruter rationnellement, le même objet qui nous fait agenouiller. Quelle posture pour juger un homme que d'être à ses pieds prosterné : voilà cependant l'image du catholique véritable, en face du vicaire de Jésus-Christ.

Cet être, le plus qualifié de tous, pour recevoir l'inspiration divine, cet être infaillible quand il dogmatise, il nous faut l'envisager lorsqu'il gouverne et, laissant les fautes historiques, matières à débats contradictoires, voyons ses actes d'adoration, les prières monumentales, c'est-à-dire les églises érigées.

Parmi les 350 églises de Rome, il n'y en a pas une qui satisfasse à la logique de la religion catholique ; la plupart sont médiocres, plusieurs scandaleuses.

La piété du Nord, dira-t-on, diffère de celle du Midi, et ce n'est là qu'une préférence de la sensibilité. Non pas, c'est beaucoup plus, c'est la disconvenance de l'esprit d'une race avec l'esprit d'une doctrine.

Pise, Lucques, Pistoye, Sienne, Florence, Arezzo, Orvieto, Assise, Pérouse, Spolete comme Milan répondent par leurs cathédrales qui se lèvent, toutes accusatrices, contre Saint-Pierre de Rome, l'église scandaleuse, la basilique césarienne !

Sans mentionner les statues colossales d'inconvenance, à considérer seulement l'ornementation des pilastres : comment les amours de Parme (moins le charme), s'amusent-ils, en haut relief, avec les clefs et la tiare ? Il y a donc eu un pape qui confondit les anges et les amours, les cupidons et les séraphins ? Le vicaire de Jésus n'a donc pas toujours eu le sens chrétien ? Qu'on ne s'y trompe pas : je cherche les considérants les moins lourds pour Rome ; ma piété écarte les lourdes charges dans la mesure où la démonstration ne les nécessite pas.

On a dit que les peuples avaient toujours les chefs mérités : cela souffrirait de l'exception, mais les collectivités ont en effet toujours eu le maître qu'ils concevaient.

Le chef d'une nation, apparaît le réalisateur d'une imagination collective.

Il faut que l'individu se modèle sur l'abstrait de sa fonction, mais sur l'abstrait conçu par l'opinion. Plus simplement, l'idée que la chrétienneté a du pape modifie le pape dans une proportion évidente. Or, la notion actuelle des chrétiens est devenue imparfaite, de là en partie l'imperfection des derniers pontificats.

Léon XIII a eu son moment de ressemblance avec Clément V, et c'est, pour l'historien, le reproche le plus sanglant qu'on puisse adresser à un pape, mais devant que proférer l'abomination actuelle, voyons quels torts typiques la papauté a assumé, à son dam : voyons d'incontestables faits. J'abandonne ici, aux criailleries d'en bas, les personnelles imperfections et tout ce qui fut l'homme pécheur ; je n'envisage que le pape pécheur, et non pas du péché ordinaire, mais de celui irrémissible qui, touchant à toute l'humanité, violente le Saint-Esprit même et épouvante les sept cieux.

Est-il vrai que, du 2 janvier au 4 novembre 1541, le seul tribunal de Saint-Paul de Séville brûla, dans cette ville, 298 nouveaux chrétiens, et 2,000 en y ajoutant l'inquisition de Cadix.

Est-il vrai que le P. Thomas de Torquemada, natif de Valladolid, président de la Suprême, brûla, en une carrière de dix-huit années, 8,800 vivants et 6,050 effigies ou morts et que les biens de 80,000 individus furent confisqués ?

Ce qui n'est pas niable, c'est l'ouvrage de l'inquisiteur, Louis de Geram, publié à Madrid en 1589, qui fait de Jéhovah le premier inquisiteur et voit dans Adam et Ève chassés du paradis, la légitimation des confiscations.

Ce qui n'est pas niable, non plus, ce sont les 28 articles de la junte Sévillane, en 1494.

On y trouve qu'aucun n'était gracié, qu'il ne dénonçât d'autres victimes ; que le pénitent volontaire ne pouvait être exempt de la confiscation ; que l'hérétique repentant serait condamné seulement à la réclusion perpétuelle.

Le douzième article autorisait la torture, pour tout réconcilié dont l'inquisiteur estimerait la contrition imparfaite !

L'accusé qui niait devait être considéré comme impénitent.

Le mort dont les livres ou la conduite avaient été hérétiques devait être exhumé, et ses biens confisqués, au préjudice de ses héritiers naturels.

En l'année 1494, c'était Alexandre VI qui représentait le Vicaire de Jésus-Christ.

Donc, la papauté qui a toléré l'inquisition, la papauté qui n'a pas cru nécessaire, rétrospectivement, d'instruire le procès des inquisiteurs et de jeter leur cendre au vent, la papauté a donné le droit de toutes les suspicions.

Si un ordre régulier peut brûler cent mille individus sans que le chef de l'Église ait une opinion sur le fait, comment s'appelle ce chef ?

Vraiment, un Philippe II ordonne aux Maures de parler espagnol, de quitter leurs costumes et de s'habiller à la castillane, force les femmes à sortir sans voile et à laisser ouvertes les portes des maisons : ce roi très chrétien interdit les bains et la musique à ces mêmes Maures ! Il est très chrétien !

Clément VII et Paul III ignoraient-ils l'inquisition de Brabant ?

Le duc d'Albe, au moment de sa disgrâce, faisait valoir à Philippe II qu'en six années il avait fait exécuter 15,600 hérétiques... Le Vatican complice de l'Escurial !

La papauté, ayant laissé la passion espagnole user à son gré de l'autorité religieuse : ayant prêté ses formes à des ambitieux pour perpétrer les plus grands crimes, et même ayant préféré se taire après les événements plutôt que s'accuser, la papauté, dis-je, s'est rendue justiciable de l'humanisme.

Quelle garantie avons-nous que demain, si demain était un jour de triomphe papal de nouveaux inquisiteurs ne surgiraient pas avec leurs bourreaux, leurs instruments de torture, et l'autodafé !

La seule garantie est donnée par le progrès de la sensibilité indiscutable, sauf chez les militaires, et aussi par l'affaiblissement du prestige religieux. Donc, ceux qui travaillent à la rénovation de l'Église voudraient être assurés de ne pas être persécutés par cette même Église qu'ils auraient fait triompher.

L'homme qui pense, est toujours quelque peu hérétique, par conséquence même de ses investigations. Le meilleur des fidèles peut proposer des hétérodoxies, il ne devient coupable que s'il s'entête, contre l'autorité hiérarchique.

Mais, cette autorité n'appartient pas à un épiscopat assermenté, ni à ces congrégations romaines qui sont trop romaines pour être catholiques : elle est au pape.

Il ne peut décider de tout : soit, mais nul n'est condamné qu'il n'a pas condamné, et le grand inquisiteur des lettres latines devrait agrémenter son chapeau rouge de quelques lauriers scientifiques pour éviter la risée.

La commodité serait trop grande pour les prélats de crier au sacrilège quand il n'est question que d'eux-mêmes et de chercher une défense dans leur fonction, contre leurs déficiences à cette fonction même.

Plaisante sommation que celle d'un évêque assermenté, qui me rappelle sa mitre, quand je lui reproche son civisme.

Le pape devant réaliser l'idéal chrétien, j'ai le droit de concevoir et d'exprimer ma conception de cet idéal.

Mais, comme beaucoup ont erré en cette matière, je dois établir la rationalité de ma conception. Le pape vagabond de Victor Hugo passerait son temps à inquiéter les gardes champêtres et les gendarmes ; là n'est point sa fonction.

En face des hommes nationaux, le pape apparaît humain ; au milieu des faits il est l'idée, et, parmi les contingences, il est l'abstrait.

Avocat perpétuel de la justice contre toutes les prétentions intéressées, il ne peut manquer à l'humanisme, sans manquer à lui-même.

Or, je l'ai dit, Léon XIII a trahi la cause de l'humanité et imité l'inertie de Clément V le jour où il a laissé les séminaristes prendre la livrée de l'homicide national.

Écoutez le langage imposant d'un Grégoire VII, et ne pensez pas que l'époque seule le permettait, on peut encore le tenir aujourd'hui.

« L'Église de Dieu doit être indépendante de tout pouvoir temporel : l'autel est réservé à celui qui, par un ordre ininterrompu, a succédé à saint Pierre, l'épée du prince lui est soumise et vient de lui puisqu'elle est chose humaine...

« ...L'Église doit être libre, il convient au pape d'arracher ses prêtres, des liens temporels.

« ... Le monde est éclairé par deux luminaires, le soleil plus grand, la lune plus petite. L'autorité apostolique ressemble au soleil, la puissance royale à la lune. Comme la lune n'éclaire que grâce au soleil, les empereurs, les rois, les princes ne subsistent que grâce au pape, parce que celui-ci vient de Dieu.

« Quelque résistance que rencontre celui qui tient sur terre la place de Jésus-Christ, il doit lutter à demeurer ferme, souffrir à l'exemple de Jésus-Christ. La persécution et la violence ne doivent point le détourner de son devoir. »

Or, ce devoir apparaît impérieux, surtout au domaine dogmatique, et dans le recrutement militaire des prêtres, toute la religion est violée. Un prêtre marié n'est plus un prêtre, mais un prêtre soldat n'est même plus un homme, car la qualité humaine disparaît du jour où l'obéissance n'a plus de sanction rationnelle.

Si on a pensé que les prêtres feraient leur période d'instruction militaire et en seraient quittes ainsi, on a été lâche ; celui qui se prépare à consacrer la divine eucharistie ne saurait apprendre à tuer. Si Léon XIII a admis cette abomination par son silence, l'humanisme, c'est-à-dire l'Église des penseurs, lui opposera que l'encensoir est incompatible avec le glaive, que le prêtre soldat qui tuerait un brahmane ou qui renverserait un Bouddha ou un Vishnou serait sacrilège ! Car Dieu ne s'inquiète pas du nom qui le nomme, mais de l'âme qui le reçoit.

Attribuer aux démons les fulgurants miracles de l'Inde, c'est méconnaître le sens commun, contester la sainteté hors du baptême chrétien, révolte le jugement. Le fétichiste lui-même est respectable ; il croit et s'efforce vers Dieu. Qu'on le plaigne de son obtusion, mais qu'on ne le méprise pas, avant d'avoir vu quels éléments fétichistes restent en l'esprit rural des Bretons, par exemple.

Non, la sainteté ni le miracle ne dépendent pas de la conception ni de la foi, à moins que l'on ne tienne pour miracle, ce qui l'est, en effet, le chef-d'œuvre.

Si c'est le démon qui a édifié le Parthénon, on aurait bien dû le faire concourir pour Saint-Pierre de Rome.

L'Église a pris l'habitude d'être attaquée ou flattée, de ne compter que des ennemis ou des fidèles et elle préfère l'attaque à la critique. Il faut la dire parfaite même, en ses erreurs et par là, les perpétuer.

De même qu'un monument, si résistant qu'il soit, doit être défendu contre l'action du temps, et qu'on arrache les herbes surgissant entre les dalles, ainsi l'Église doit opérer sur elle un perpétuel travail de correction, d'émondage.

Le corps humain livré à lui-même devient malade, si la toilette ne lui enlève pas les salissures renaissantes.

Un esprit humain, vivant sur son propre fond, ne comprendrait bientôt plus rien aux publications de l'époque.

Ainsi l'Église se trouve parfois séparée de l'humanité par une double routine et de discipline, et de culture.

La paresse se retranche derrière l'intémérabilité, et le Vatican ressemble à ces chapitres toscans où les chanoines pour éviter, les vents coulis, ont installés des auvents au mépris de fresques sublimes : que leur importe de masquer un Lippi, un Ghirlandajo, s'ils évitent des rhumes.

L'humanité a des droits sur la papauté, celui de l'interrogation ; l'humanité, semblable au saint Christophe de la légende qui cherchait le maître le plus puissant pour le servir, a le droit de dire au pape : « Voici ma conception du pontife universel ; la réalises-tu ? »

Et le pape répondra en serviteur des serviteurs de Dieu : « Je m'efforcerai : et si l'univers doit m'écouter quand l'abstrait passe par ma bouche, je dois écouter moi-même quand l'abstrait se manifeste, par n'importe quelle bouche. »

Le point d'humanité est le point papal par excellence, et tout ce qui disconvient à l'humanité disconvient à la papauté qui ne saurait être que l'humanité surnaturalisée.

La papauté a toléré l'inquisition et, jusqu'à ce qu'un pape ait frappé la mémoire des inquisiteurs, l'humanité gardera légitimement sa suspicion.

La papauté est italienne, et, dès lors, toutes les nations ont le droit de se défendre contre l'Église de Rome qui n'est plus l'Église universelle.

Ce qu'on appelle libertés de l'Église gallicane ne vaut rien, et qui les plaide, s'appelle-t-il Bossuet, est un schismatique ; tout chrétien est ultramontain si on désigne ainsi ceux qui ne veulent aucun privilège pour leur race ; mais personne de bon sens ne le sera, si l'ultramontanisme signifie une poignée de monsignori exploitant la chrétienneté.

L'heure est venue de briser les lisières locales qui entravent le verbe de Jésus, et le pape qui s'évanouit à la défaite des Italiens n'est qu'un homme oublieux de sa mission et qui scandalise l'Église ; un pape patriote s'appelle antechrist, quelle que soit sa patrie.

Archidoxes du Ternaire

XXIX. — En autorisant le revêtement de la livrée homicide pour ses clercs, Léon XIII a trahi l'intellectualité universelle.

XXX. — L'inquisition et la conquête des Amériques sont les deux rappels à l'humanité qu'il faut faire, toutes les fois, qu'on parle à l'Église.

XXXI. — Si l'Église fournit des prétextes aux passions nationales ou même pactise avec ces passions, elle cesse d'être la société des chrétiens et devient l'anté-Chrisme.

XXXII. — En toute matière, le point d'humanité est le point papal.

IV

Le pape est élu par le Sacré Collège réuni en conclave.
Sous Nicolas III, en 1277, il n'y avait que sept cardinaux.
Sous Jean XXII, en 1330, il y en avait vingt.
Le concile de Constance en vit quarante, et Léon X en ajouta trente, et Paul IV, cinq.

Enfin Sixte V arrêta leur nombre à soixante-dix : soit, six évêques suburbicaires, cinquante prêtres et quatorze diacres.

Sans érudition inutile à ce discours, les premiers cardinaux furent les curés des paroisses de Rome : et le même mouvement qui faisait le pape roi de Rome, les fit princes de l'Église ; Nicolas II, dans le concile qu'il tint à Rome où assistaient cent treize évêques, l'an 1059, déclara les cardinaux seuls électeurs de la papauté.

Restait encore au clergé et au peuple un droit peu précis de confirmation qui fut supprimé par Alexandre II ; il déclara au concile de Latran, que la majorité consisterait aux deux tiers des suffrages.

Enfin Grégoire X institua le conclave, à proprement parler, en souvenir de sa propre élection, qui fut laborieuse et durait depuis six mois, quand le podestat de Viterbe, à l'instigation de Bonaventure, enferma les cardinaux dans son palais et les tint prisonniers jusqu'à élection : il fut ainsi, et de lui-même, le premier maréchal de l'Église.

Donc, à la mort de Léon XIII, les cardinaux entreront en cellule, et n'en sortiront qu'après lui avoir donné un successeur. Deux fois par jour, le scrutin sera ouvert jusqu'à ce que l'un des candidats réunisse les deux tiers des suffrages.

Quelle conception va présider à ces suffrages ; j'écarte l'intérêt particulier, et les intrigues précédant le conclave ; je suppose ces cinquante cardinaux exempts de toute brigue et arrière-pensée, et je demande seulement à connaitre leur définition de la fonction papale.

Qu'est-ce que le pape, pour ceux qui le nomment ? C'est, hélas, leur collègue, un cardinal. Mais, qu'on le sache, l'usage n'est pas le canon, et rien n'empêche qu'il soit pris hors du Sacré Collège, voire hors du clergé.

Le conclave a le droit d'élire qui lui plait, fût-il laïque, à condition qu'il sera ordiné, sitôt après l'élection. Aucune succession royale n'a montré une série si ininterrompue de hautes et diverses valeurs, et comme nous avons des points aigus à discuter, écartons d'abord les points acceptés.

Il appartient, en effet, aux cardinaux d'élire le pape, et on ne peut opposer à leur parfaite liberté, de ne point élire un d'entre eux.

Mais celui-là, en quelle qualité le choisissent-ils ? en qualité de saint ? en ce cas, il faut aller dans une cellule de couvent ; là sont les saints, les mystiques et peut-être même les thaumaturges ?

En qualité de génie ? si le clergé a quelque prestige intellectuel, c'est dans le bas clergé : les cardinaux n'ont guère signé, en ce siècle, que des livres de carrière ; il y a de savants professeurs, il n'y a plus de génies dans l'Église.

À quelle considération obéissent donc les sacrés électeurs, en prenant, hors de la sainteté et du génie ? je ne vois plus qu'un motif de leur choix et il suffit à l'infirmer : ce sont des hommes d'État qui choisissent leur roi : ils le choisissent ancien nonce, rompu à l'administration vaticane : généraux de division, ils font un maréchal et on ne fait qu'à son image, non pas à celle qu'on est, mais à celle qu'on voudrait être. Ne demandez pas à quelqu'un de vouloir ni mieux, ni autre, que son idéal ; or l'idéal du Sacré Collège est un idéal sceptique, positif et laïc : et dès lors toutes les forces spéciales au Saint-Siège se trouvent annihilées. Le fantôme des Césars revient depuis bien des siècles dans les veilles des pontifes ; cette obsession maléfique explique seule le caractère impérial de Rome.

Il faut l'aberration sénile du peuple italien pour interner le pape au Vatican et bloquer sa porte par des bersaglieri.

Il faut l'inconscience des gouvernements d'Occident pour avoir permis et pour tolérer la mainmise sur le vicaire de Jésus-Christ.

Mais Léon XIII expie une erreur de Pie IX.

La ville du pape doit être une ville libre, sainte et respectée de l'univers : la capitale de l'Italie a cessé d'être la capitale du monde, et sans excuse, puisque aucun pays n'offre autant des capitales si admirables que Florence, Milan, Gênes, Naples, Venise.

Est-il légitime que le bon plaisir du pape, fasse seul les cardinaux ? Non pas, car le pape est homme quand il administre et le Saint-Esprit ne saurait être responsable de son choix.

Sur les six cardinaux évêques, il y a cinq Italiens ; sur les cinquante cardinaux prêtres, il y a dix-neuf Italiens ; sur cinq cardinaux diacres, cinq Italiens : cela fait, sur cinquante-quatre cardinaux de l'état de 1893 que j'ai sous les yeux, trente-neuf Italiens, c'est-à-dire plus des deux tiers du Sacré Collège.

Les congrégations, qui sont les ministères de la papauté, sauf celle de la fabrique de Saint-Pierre, ont toutes, des préfets et des secrétaires italiens.

Pénitencerie, daterie, Chambre et les charges palatines, sauf un Polonais, sont toutes à des Italiens, sinon à des Romains.

Or, le pays qui a pour grand homme Mazzini, et pour sommités d'Église Antonnelli et Rampolla ne mérite pas d'être placé à la tête des nations ; la patrie de Garibaldi prend la succession ridicule d'Israël et Rome s'appelle la tribu de Lévi : ce sont là des moqueries qu'il faut cesser au plus tôt.

En Hongrie, en Allemagne, en Angleterre, en Amérique, je vois d'admirables prélats. Je vois les Melchers, les Gibbons et leur mérite mais je connais trop les Richard, les Goossens et leurs collègues de France pour espérer rien d'eux. Mettons l'égalité sur tous les drapeaux ; ils doivent du moins correspondre à des portions de la catholicité. Le Portugal ce néant, et la Sicile, ce pays d'escarpes, ont une part scandaleuse au Sacré Collège.

Il n'y a que le pape qui puisse, par de nouvelles créations, reformer le Sacré Collège et le rendre imposant ; mais si le successeur de Léon XIII est pris dans ce même Sacré Collège, tout sera perdu pendant ce nouveau règne.

Personne, parmi ceux à barrette, ne mérite la tiare, personne ne la peut porter dignement, et le prochain pape, s'il est vrai pape, déclarera *urbi et orb*i qu'après lui, jamais ses successeurs ne seront pris, parmi les cardinaux.

La pourpre est une carrière ; on ne me parlera pas, je pense, des mérites du cardinal Bonaparte et du cardinal Holenlohe, soit que la faveur et l'intrigue y pourvoient, soit que le recrutement s'opère parmi les nonces.

Il faut une rare aberration pour cardinaliser ces hommes à la di Rende, à la Czaski laïcisés par leur contact avec les cours, et littéralement pourris de basse diplomatie.

Il ne doit pas exister de diplomatie pontificale ; Jésus-Christ veut des apôtres et non des Crispin ou des Mascarille et traîner une soutane violette dans les dîners d'un président de République, c'est perdre tout prestige et tout sens religieux.

Amusant détail : M. Faure est chanoine de Latran, comme fut Carnot, comme fut Grévy, comme le serait demain Rothschild, s'il lui plaisait de régner à l'Élysée comme il règne à la Banque de France, et l'exécution des décrets n'a pas ôté cette dignité au roi havrais de France.

Les premières raisons qui interdisent d'élire un cardinal au souverain pontificat sont :

L'éducation romaine ;

La naissance italienne ;

La fonction de nonce ;

La fonction d'évêque.

Car, le collège romain fait des routiniers ;

la nature italienne, des ennemis de l'humanisme ; la nonciature, des habiles ; et les évêques ne sont plus nommés par le pape, mais par les ministres des Cultes. Il y a bien une simagrée, puisque le pape pourrait refuser l'investiture ; mais, en réalité, le Vatican n'apprécie que des gens agréables au pouvoir, et par conséquent en horreur à Dieu et a ses saints.

En France, ce sont quelques petits employés protestants qui nomment tout le clergé.

Le 30 mars 1806, un malfaiteur du nom de Caprara cardinal prêtre, légat *a latere d*u pape Pie VII, approuva, comme seul catéchisme de l'empire français :

« *Quels sont nos devoirs envers Napoléon Ier* ?

« Les chrétiens doivent à Napoléon l'amour, le respect, l'obéissance et la fidélité, LE SERVICE MILITAIRE.

« *Ceux qui résisteraient à leurs devoirs envers notre empereur* résisteraient à l'ordre de Dieu même et se rendraient dignes de la damnation éternelle ».

De quelle boue était formée l'âme du cardinal Caprara : je l'ignore ; mais je sais que s'il se trouvait encore un cardinal assez traître au Saint-Esprit pour dire que l'on doit le service militaire à qui que ce soit, je trouverais quelque expression de mépris nouvelle et formidable, et j'enguirlanderais son nom de telles épithètes qu'il serait illustré entre Iscariote et Clément V ; car deux idées dominent la vie humaine : l'intégrité dans les mandats et la justice dans les volontés ; et au nom de cette intégrité et de cette justice, le cardinal Caprara est un odieux apostat ! Et le Bonaparte, le brigand le plus accompli de tous ceux que n'a pas atteints la hache.

Ceux que j'appellerais volontiers les grands catholiques ne sont pas humains. Joseph de Maistre, de Bonald, Barbey d'Aurevilly étaient des génies féroces, et j'ai trouvé chez le chevalier Adrien Peladan, mon père, la même implacabilité.

« La guerre est donc divine en elle-même, puisque c'est une loi du monde. » Qui a écrit cette phrase, un adjudant ivre, non Joseph de Maistre.

La maladie est donc saine en elle-même puisque c'est une loi du corps, et la prostitution respectable, puisque c'est une loi de la société.

On ne l'a pas vu, et cela fulgure ; Joseph de Maistre peut s'appeler Joseph de Manès et donne le nom de loi au désordre. Dès lors le dualisme du fait devenu la Norme, ce faux métaphysicien termine son éclaircissement sur les sacrifices inséré à la fin des *Soirées de Saint-Pétersbourg* par ces mots en majuscules : *Le Salut par le sang*.

En soi, la guerre est l'acte où un grand nombre d'hommes se dispute soit une vaine suprématie, soit des profits matériels ; la guerre est le résultat de la convoitise humaine quand elle se produit entre deux collectivités ou des individus disposant de collectivité. Si le catholicisme supporte les assertions, de de Maistre il se détourne de son fondateur :

l'Évangile est renié, et, du même coup, la pensée humaine désorientée ne saurait plus même rêver de la perfection.

Quel lugubre constat que la perpétuelle alliance du lyrisme et de la déraison, et de la pire idée en belle forme. Cela nous conduit à cette évidence que le pape, le régulateur des aspirations humaines, il le faut délié de toute habitude, sortant de la seule méditation, gardait devant lui la notion précise, son devoir est unique et ne ressemble à celui d'aucun autre vivant.

Le pape est souverain absolu de l'Église : la maîtresse réforme consiste à le bien choisir.

Ce choix contient toutes les merveilles que l'homme juste conçoit et des fruits de terre promise : voilà pourquoi je voudrais agiter toutes les forces morales et spirituelles, autour de cette idée, pour que la routine romaine meure avec Léon XIII et que l'humanité chrétienne lui succède.

Semblable au crucifix des jansénistes, l'Église n'ouvre pas assez largement ses bras ; elle attend, sans l'impatience sublime du pasteur qui ne repose point à la pensée de la brebis égarée.

La religion, qui ne satisfait pas aux nobles aspirations d'une époque, périclite. Or, le désir d'universalité paraît plus intense dans l'âme générale, qu'en celle des pasteurs. Le souci de l'unité inquiète plus les laïcs que les clercs, pour cette raison que le souci administratif éloigne de vues plus élevées.

Les congrégations travaillent, plus que les ministères probables ; mais à Rome, on ne pense pas humainement. L'Empire y supplante l'Église dans l'attention de tous ; on prononce les noms des SS. AA., on visite les catacombes et cependant le fantôme des Césars seul vous opprime. Ville éternelle, pourquoi ? Jésus n'y a point paru, et Athènes entendit la prédication de saint Paul. Le sang des martyrs a coulé au Colisée, avec profusion, malgré les croix, c'est le cirque qui parle et triomphe devant l'imagination.

Quel souvenir majeur emporte un esthète de Rome ? les thermes de Caracalla, des voûtes de cercles, des lieux de plaisir : l'âme chrétienne s'est évaporée ; ou bien, en un combat obscur avec le passé, elle a perdu sa force et exhalé son parfum.

Du fond de sa prison splendide, Léon XIII envoûte la ville ; noblesse ruinée, misère et incurie, la capitale italienne, avec ses quartiers neufs entièrement vides, semble une Pise envahie de villégiatures. À Rome, tous ceux qu'on voit, paraissent des intrus ; les escouades de séminaristes qui traversent les rues, à tout instant, font penser à un centre d'administration religieuse, non pas à la Mecque catholique.

Ah ! qu'il serait mieux sur un petit roc d'Asie, le vicaire de Jésus-Christ.

Il est trop tard, maintenant, pour cette retraite, il faut que le successeur de Léon XIII quitte, pour jamais, la terre italienne. Je sais son lieu définitif : Constantinople. Mais, pour faire de cette ville la ville sainte, il faut réduire le schisme d'Orient, dans la personne d'un tzar ; ce sera un terrible événement, ce sacre du tzar empereur d'Orient et d'Occident par le souverain pontife d'Occident et d'Orient.

Mais ce confluent formidable ne s'opérera que par l'asservissement définitif de la race latine à la race slave : ainsi le veut la loi de succession des peuples.

Quelle sera la médiation du pape entre les Latins créateurs du catholicisme, et ses nouveaux fils, les Slaves ? Je l'ignore, mais je proclame qu'il est temps de régler le recrutement du Sacré Collège, et de réclamer des garanties, en face des catastrophes imminentes.

Archidoxes du Quaternaire

XXXIII. — Les ennemis de l'Église veulent toujours la réformer, les fidèles ne souhaitent réformer que le Sacré Collège.

XXXIV. — Il ne s'agit ni d'augmenter, ni de diminuer le nombre des électeurs mais d'annuler la suprématie d'une nationalité.

XXXV. — Rome devrait être, non pas seulement libre, sacrée ; mais Rome a fini son rôle et va être quitté, par la divine colombe qu'horrifie l'aigle romaine, fantomatiquement planante encore.

XXXVI. — Il y a la même incompatibilité entre la nonciature et le pontificat, qu'entre le généralat et le sceptre.

XXXVII. — Deux courants se heurtent et s'offusquent dans le catholicisme : le Sémitique féroce et pratique, l'Aryen doux et idéal ; il faut que le Calvaire fasse disparaître le Sinaï. Jésus ne peut régner, qu'au mépris du mosaïsme.

XXXVIII. — L'avenir porte cet exergue : *Gesta Dei per Slavos* et la Rome future sera Constantinople. Mais ces victoires du fait seront-elles aussi des victoires d'idéal ?

V

Le grand schisme d'Occident a été l'œuvre de quinze cardinaux qui furent lâches, et de quinze cents Romains qui furent hardis.

L'élection de Barthélémy-Prignagno forme une page éloquente pour étaler non pas l'indignité italienne, mais celle des gens de Rome, de cette ville surprenante, où, il y a deux ans, les écrins d'un mariage se trouvant subitement vides, le maitre de la maison a fait fouiller ses invités, séance tenante.

Imaginez ce conclave cerné par la canaille hurlant : *Romano, Romano lo volemo o italiano.*

Quinze votants sur seize nomment pape l'archevêque de Bari, Prignano. Mais avant de proclamer le nouveau pontife à la foule, il faut connaître s'il accepte. Un cardinal crie au peuple par une fenêtre d'aller à Saint-Pierre, attendre la proclamation, et la foule comprend que le cardinal de Saint-Pierre Tibaldeschi est élu, elle court piller sa maison.

Admirable coutume ! Vainement on crie aux autres que l'élu est l'archevêque de Bari ; ils entendent de Bar, Jean de Bar, qu'ils n'aiment point. L'évêque de Marseille livre les clefs, la canaille envahit le conclave.

Alors, les cardinaux entraînent malgré lui le vieux Tibaldeschi sur le siège pontifical ; on le mitre, on le chape, on le hisse sur l'autel, en chantant le *Te Deum*.

Tibaldeschi proteste : le cardinal de Marmoutiers le tient par les épaules, et son propre neveu Tibaldeschi le maintient à grands coups de poing ; cette ignoble scène dure longtemps.

Cependant, six jours après, tous les cardinaux de cet étrange conclave assistaient à l'intronisation de Urbain VI.

Mais violent, insulteur, cruel, insupportable, Urbain VI lassa les cardinaux qui, se souvenant des conditions affolées de l'élection, se réunirent au château d'Agnani, au nombre de treize, et, par douze voix, Robert de Genève fut élu sous le nom de Clément VII. Il ne resta auprès d'Urbain que le cardinal Tibaldeschi, trop impotent pour quitter le Vatican.

M. Noël Valois, dans un récent ouvrage tout à fait remarquable, *La France et le grand schisme d'Occident*, a prouvé jusqu'à l'évidence que Charles V n'a point fomenté le conclave d'Agnani, mais en fidèle chrétien a cru l'assertion des cardinaux sur l'invalidité d'Urbain VI. Le roi de France proclama la légitimité de Clément VII, sur la foi des électeurs, et ceux-ci n'envisagèrent qu'eux-mêmes.

Il est bien certain que le Saint-Esprit n'avait inspiré aucun des deux conclaves. Les cardinaux électeurs d'Urbain VI étaient infiniment médiocres, puisque, l'ayant choisi selon leur cœur, ils se trompèrent si grossièrement, non pas sur ses mérites qu'ils ne cherchaient pas, mais sur sa commodité.

Prétendre que le Saint-Esprit préside les conclaves, ou que les cardinaux sont des esprits ordinairement supérieurs seraient assertions si fantaisistes qu'on admettra plutôt l'humaine prudence, en matière aussi grave.

Le Sacré Collège doit des garanties à l'humanisme et la première réside à ne pas choisir le pontife dans son sein.

Électeur, non pas éligible, le cardinal donnera encore, préfet des congrégations, les mêmes services administratifs qui sont conformes à son éducation.

Actuellement, l'acclamation ordinaire, quand le pape passe et bénit : « Vive le pape roi ! » ; rappelle la dignité impériale énoncée dans la prétendue donation de Constantin.

Autant la situation actuelle est insupportable, autant celle de Pie IX était à déplorer.

Le pape ne saurait être roi, mais non plus dépendant. Un royaume, pour petit qu'il soit, le sort de sa fonction, et une ville où il n'est pas le maître devient prison.

Une religion nécessite une ville sainte, inviolable, garantie par le concert de toutes les puissances ; l'Italie mourra pour n'avoir pas laissé Rome au pape et la papauté a vu de sombres jours pour n'avoir pas rejeté le pouvoir temporel.

Les puissances périssent par l'usurpation, les peuples se ruinent en leur conquête. Or, l'histoire entière de la papauté, depuis Grégoire II, est une histoire politique, une succession d'intrigues, de guerre et de diplomatie.

Le prestige de la tiare disparaît à la moindre allure profane.

Vous arrivez à la Porte de Bronze : un râtelier où une douzaine de fusils de rebut s'étalent, voilà le premier objet ; puis une douzaine de grands diables dégingandés ayant des capotes sur leur maillot trop large qui les font ressembler à des figurants de l'Ambigu, attendant leur entrée.

Montez la Scala Regia, arrivez aux portes de la Sixtine, vous trouverez un carabinier ridicule ou un grenadier d'opérette qui bâille et traîne un bancal démesuré.

Il y a deux gardes comiques : celle du prince de Monaco et celle du Saint-Père. Pour le Grimaldi qui a fait de son coin de terre un mauvais lieu, le peloton est un jouet ; pour Léon XIII, c'est une sottise.

Dix Romagnols résolus avec des bâtons disperseraient garde suisse et gendarmes : ils ne représentent, ces soldats joujoux, que de l'insolence pour le visiteur. On devrait les employer à ôter les toiles d'araignée de la Sixtine.

À mon dernier voyage, j'ai posé mon doigt sur l'*école d'Athènes*, la crasse était d'une nature qu'aucun teinturier n'a pu nettoyer le gant.

Au lieu de ces buffleteries, on devrait changer la corde poisseuse des escaliers de la Pinacothèque.

Les Chambres et la Sixtine sont sales, littéralement.

Que le pape soit gardé par des templiers, un ordre militaire, soit, mais ces uniformes des Bouffes navrent le voyageur.

Au Quirinal et au Vatican, ce sont les mêmes grenadiers, avec cette différence qu'au Vatican ils ont l'air d'ignobles voyous, lâches et grotesques.

Si le pape ne désire pas le martyre, il n'est pas le pape ; et si dans nos mœurs il le pouvait trouver, quelle ivresse glorieuse !

Léon XIII licenciant ses chienlits et ses mamelucks de carnaval, personne, en Occident, n'a l'âme assez forte pour tuer ce cadavre spirituel qu'il paraît être. On ne tue pas un revenant et Léon XIII revient dans un semblant de corps plutôt qu'il n'est homme et qu'il vive : c'est Titurel qui va recevoir le rayonnement du Graal et puis s'éteindre !

Qu'a-t-il besoin de Velletri, Urbin, Pesaro, Ravenne, Bologne et Ferrare, et Orvieto, et Spolète, et Pérouse, et Ancône, ce souverain des âmes ? Pour réglementer la prostitution ou prononcer des peines capitales contre des vierges violées par leur père et rappeler l'aberration de Clément VIII envers Béatrice Cenci ? A-t-il besoin de 422 kilomètres du nord au sud et de 210 kilomètres de l'est à l'ouest, quand il a l'univers ; et de deux millions et demi de sujets temporels, quand il a l'humanité ? Les dons de Pépin et de la princesse Mathilde furent des dons funestes.

Le pape n'a droit qu'à des villes et je pense que chaque pays chrétien devrait lui en donner une, afin qu'il pût, à la moindre pression, se dérober. Car, autant le pape doit refuser les sujets temporels, autant il doit sauver son indépendance.

Léon XIII subit la situation que Pie IX ne sut pas trancher.

Quand Bologne renversa les armoiries du pape, il fut suivi dans le mouvement par Forli, Ravenne et Ferrare. Le pape devait résigner sa royauté déplorable, de lui-même, et demander Rome seule, et, sur le refus, quitter l'Italie, demander Avignon, se réfugier dans une abbaye, aller à Bruges, par exemple, ou au Mont Saint-Michel.

Abandonner Rome et même le Vatican, voilà qui n'entrera jamais sous un chapeau de pourpre, s'il coiffe une tête italienne.

Le parti légitimiste a donné Chambord à Henri V, de piètre mémoire ; le parti catholique logerait bien son chef, je pense. Et le pape errant, banni, serait-il moins le pape ? La bulle, lancée d'une abbaye en ruines, serait-elle moins authentique, moins obéie ? Avec les rapides, le télégraphe et l'imprimerie, on gouverne l'âme du monde, de n'importe quel coin. Rome n'est qu'un musée mal entretenu et ce n'est pas la compagnie de Michel-Ange et de Raphaël qui retient le vicaire de Jésus dans ce palais profane.

Le mont Saint-Michel suffirait, par exemple, à défaut d'Avignon, à le recueillir.

Le pape n'a d'autre droit temporel que son indépendance, mais, cette indépendance, aucun ne l'a osé dans sa plénitude ; car elle implique la faculté de formuler le Verbe ecclésial, sans aucun égard envers les autres puissances.

On n'a nullement compris la nature du pouvoir pontifical, en le sécularisant : sa force augmente en raison de son irréalité. Le pape, avec une armée de deux millions d'hommes et toute l'Italie, ne serait qu'une puissance de troisième ordre ; avec dix mille hommes et les États de l'Église, c'est un petit prince que le Grimaldi de Monaco appellera « mon cousin ».

Castelfidardo vit tomber le pouvoir temporel avec un millier de pontificaux et moitié moins de Piémontais.

Léon XIII nous a appris à estimer Pie IX. L'animique a tenu plus ferme le drapeau du droit que l'intellectuel, mais ni l'un ni l'autre n'ont satisfait la conscience universelle. Castelfidardo ne pouvait être qu'une défaite, la papauté armée se trompait : belligérante et vaincue d'avance, c'était trop d'inconscience.

Quant à Léon XIII, il a fait en souriant toutes les concessions, et son sourire apaisait les inquiétudes ; voilà longtemps qu'il sourit et les concessions continuent, déconcertantes, violatrices et des canons et du sens commun.

À l'heure où je corrige ces épreuves, Léon XIII accepte comme plénipotentiaire auprès de la curie romaine un excommunié, le héros antichrétien des Bouches-du-Rhône, l'homme du siège de Frigolet, Poubelle le crocheteur.

Outre qu'il y a une insolence de petit commis protestant à envoyer au pape un homme dépourvu de toute préparation à son mandat, que devient le catéchisme ? Ceci :

« L'excommunié est cet homme que le pape accepte comme ambassadeur, auprès de lui.

« Les persécuteurs de l'Église, sur leurs vieux jours, sont accrédités auprès du Saint-Père, afin de montrer que l'Église n'est plus qu'une lâche opportunité. »

On arrive à souhaiter que le pape tombe en enfance et cesse une responsabilité qu'il trahit à chaque moment.

Sait-on généralement, qu'au moment de la spoliation, le Saint-Siège allait faire banqueroute, comme un simple Portugal, comme une Sublime Porte.

Quelle physionomie aurait eue un emprunt pontifical et quelle diminution de prestige : la Papauté, pour ainsi dire, société anonyme avec actions, obligations, dividendes, et dès lors, tombant sous le pouvoir scélérat de la banque juive ?

La Rome de Pie IX vivait des États de l'Église ; le sort du pape-roi n'avait donc rien d'enviable : il tombait sous la dépréciation fatale qui résulte des confusions du sacré et du profane.

À chaque moment de l'histoire, les papes ont confondu leur tiare et leur couronne, et envoyé, au même cas, une excommunication et une armée.

Une ville refusait l'impôt, elle était anathème ; une population favorisait l'hérésie, on lui envoyait une armée : ainsi les ennemis politiques étaient les ennemis de Dieu, confondus par le double intérêt idéal et contingent.

Autre apparaît le véritable pouvoir spirituel, planant au-dessus d'une petite frontière à défendre ou à étendre. Je ne me range point ici, parmi les sectaires de mauvaise foi : les chroniques nous apprennent que César Borgia, loin d'être en horreur dans les Romagnes, était reçu comme un libérateur, et que l'obédience papale était préférée aux atroces petits tyranneaux du lieu. Mais il s'agit ici de l'essence du pouvoir religieux qui ne s'accommode pas de cette dualité : sceptre et crosse, couronne et tiare.

Toute usurpation du trône sur l'autel, ou de l'autel sur le trône, a été punie, historiquement, par les conséquences immédiates.

Joseph de Maistre, lui-même, ne précise pas l'essence de la théocratie, il voit le pape en monarque, soutenu par les armes et les employant non pas à sa seule défense, mais à la confusion des dissidents.

« Les choses universelles dépendent d'un principe universel, ne se détruisent que par elles-mêmes, ou ne se changent que par le travail intérieur de leur propre principe.

« La religion ne peut donc se modifier que par elle-même. » Et j'ajouterai à cette citation de d'Olivet, qu'entre les religions, l'humanisme avec ses principes synthétiques, unanimement consentis, opère lentement une vraie fusion morale.

Les antagonismes de Credo diminuent autant par la suite de l'étude que par l'apport du temps.

À mesure que certaines notions se généralisent, les antinomies se réduisent, perdent leur intensité avec leur raison d'être ; et il faut puiser dans le passé, pour retrouver des ferments de fanatisme.

Aussi l'attitude papale paraît-elle un peu surannée, dans son entêtement à ne pas accepter ce qui est l'impôt du temps sur la discipline.

Archidoxes du Quinaire

XXXIX. — Il n'y a rien à changer au mode d'élection des papes, sinon le recrutement des électeurs ?

XL. — Chaque État catholique devrait attribuer au pape une ville de refuge, afin que, dans la nécessité où il est d'être protégé, il ne subisse aucune pression nationale.

XLI. — Le pouvoir spirituel exclut toute adjonction de temporalité, parce que l'abstrait qui en est l'essence ne s'allie à aucune contingence, sans se corrompre.

XLII. — Le pape-roi est tenu de gouverner monarchiquement ; le vrai pape se conduit par d'autres règles, toutes d'illumination pure.

XLIII. — Les catholiques de bonne foi ont presque toujours, au Vatican, la sensation de Luther en voyant l'aigle césarienne invisiblement y planer.

XLIV. — Le catholicisme a deux tenants, héraldiquement beaux, mais contradictoires à son expansion : Israël et la Rome césarienne.

VI

La *Politique, tirée des propres paroles de l'Écriture sainte*, commence par cette médiocrité : *Dieu est le Roi des rois*. Incertaine de son prestige, la papauté veut présenter aux fidèles une couronne laïque, relayant au-dessus de sa propre tiare. Née sur un terrain infecté de césarisme, l'autorité chrétienne a servilement imité les exemples politiques qui l'environnaient. L'école hétérodoxe, dont Plotin est le plus haut docteur, connaissait les conditions essentielles du suprême pontificat, mais lorsque l'évêque de Rome retira à lui ce nom de pape commun d'abord à tous les curés de la ville, le gnosticisme condamné était devenu une lettre morte. L'âme du lieu et qui émanait des ruines enseignait la laïque conduite ; et les formes impériales furent les formes mêmes du rêve pontifical de Grégoire II jusqu'à Pie IX. Quelques avertissements furent énoncés, mais les énonciateurs étaient des gens sans crédit. Le pouvoir temporel a donc paru la condition même et la base du pouvoir spirituel pendant onze siècles. Peut-on espérer que le vieillard assis actuellement sur le trône de Pierre réalise, pendant les quelques heures qui lui sont dévolues, le retour à la raison que tant de prédécesseurs n'ont pas même entrevu. Les fils de l'Église expriment leurs vœux, les motivant : c'est leur droit. Nous avons tout d'abord posé en principe, que les collectifs animiques engendrent une âme totale, synthèse de tous les individus adhérents et que le chef met seulement en œuvre et, littéralement, objective, cette âme générale : la papauté dépend en son verbe, de la conception catholique.

Or, et c'est là un des caractères admirables de la matière, il faut vouloir se tromper pour raisonner, ecclésiatement, contre l'Église.

Deus est caritas ; le vicaire de Dieu aura donc la même définition que Dieu : le vrai Pape sera la charité faite homme. Ce qui différencie la charité de l'amour, c'est que l'amour choisit son objet contingent, tandis que la charité, ne pouvant atteindre le sien, se donne à autrui en une divine imitation d'En Haut. Aimer Dieu de tout soi et le prochain comme soi, voilà la formule catéchistique.

Mais tandis que le prochain de l'être ordinaire s'appelle parents, amis, voisins, passants ; le prochain du pape se nomme l'univers ; une prédilection, même pour son lieu, même pour son sang, ne lui est pas permise. Le bien de l'Église crée, devant lui, la seule hiérarchie des peuples et des personnes. Il ne faut pas entendre le bien de l'Église au sens profane et positif : ce serait absoudre la papauté du plus grand nombre de ses tristes intrigues.

Intégrité du dogme, intégrité des clercs : voilà le bien de l'Église. Quant à la prospérité des clercs, elle ne doit jamais être comptée : l'expérience a montré la persécution comme la grande prolificatrice des forces religieuses, et la magie même se résume au bénéfice de la souffrance comprise et consentie.

Quelque respect que l'on ait du successeur de Pierre, lorsqu'il feint de se trouver mal, interrompt les réceptions et change les offices parce que les armées italiennes ont éprouvé des revers, il manque à la charité papale, d'autant que les revers italiens se trouvent être l'expression providentielle de la justice.

Si le pontife de la vraie religion doit témoigner des égards, ne sera-ce pas envers les pontifes des autres religions ? L'ère des massacres théosophiques n'est pas close comme elle parait, et sans se ressouvenir des persécutions à formes légales dont la France, il y a quelque quinze ans, a été le théâtre, l'Arménie vient tout récemment de ressentir le cimeterre musulman. Les chrétiens d'Asie Mineure, massacrés par soixante mille à la fois, montrent que la charité exige une entente entre le pape et tous les chefs de sectes religieuses. Au reste, la proportion où le Saint-Esprit se manifeste dans l'Église ne peut être précisée ; la raison doit donc opérer, comme si rien d'en haut n'était attendu. L'effort sera toujours le plus impérieux appel au miracle, et devant que les cieux inspirent, le pontife doit s'appliquer à sa fonction. Or, s'appliquer signifie connaître tout ce qui existe de similaire à l'œuvre qu'on fait ; et dussent les bonnes âmes se scandaliser, le successeur de Léon XIII a peut-être quelque chose à apprendre du grand Lama. Jusqu'au commencement de ce siècle, Israël formait la toile de fond, l'horizon le plus lointain de l'investigation historique. Depuis dix-huit siècles, l'Occident a vécu d'après les prestigieux apologues d'un petit peuple sémitique : maintenant que l'œil intellectuel a conquis une perspective de six mille années au-delà du Sinaï, l'Église, qui ne fut pas coupable de penser comme son temps, deviendrait ridicule, si elle s'obstinait en ses voies anciennes. Laissant à l'archéologue les religions mortes, le pape doit créer des contacts entre les religions vivantes et celle qu'il commande : soit qu'il ait à apprendre d'elles, soit qu'il espère les réduire, qu'il s'en approche comme il s'approche des pouvoirs temporels.

Il faut, à la fois, entretenir un nonce à Bénarès, à la Mecque, et accepter un brahmane et un marabout auprès du Vatican. On a déjà émis l'idée mal conçue d'un congrès des religions : pour qu'il fût utile, il faudrait qu'il fût secret ; toutes fois que les débats de l'Idée sont publics, l'art et non la vérité triomphe. En écartant cette vaine opposition de doctrine à doctrine, il reste la question de charité que les prêtres de toutes sectes peuvent faire prévaloir, parmi les conflits ethniques et politiques.

Ce qui rend difficile une entente universelle des chefs religieux, c'est la prétention encore avouée de Léon XIII à une situation royale.

Le pouvoir spirituel cesse, dès qu'il s'appuie d'une force matérielle, et tant que de ridicules grenadiers traîneront leur bancal dans les corridors du Vatican, le pape ne sera pas tout à fait le pape, mais un grand-duc dépossédé.

Comme je l'ai exprimé au début, la fonction pontificale réside toute dans la profération de la vérité : offrirait-on une armée comme exécutrice d'une bulle, il ne serait pas de la dignité de Pierre de l'accepter.

Le conflit passionnel de l'humanité se règle par un arbitrage de force où le pape n'apporte que la formule abstraite. Si une guerre se déclare, le pape doit désigner de quel côté est la justice et commander à tous ceux qui le reconnaissent, d'abandonner le parti inique. On objectera que les pouvoirs politiques admettraient mal une pareille intrusion dans leurs agissements, mais je n'ai jamais dit, et personne, à moins de sottise, n'a pensé que la papauté consistât à recevoir des visites d'assermentés et à bénir des pèlerinages. La torture étant passée des mœurs occidentales, malgré qu'elle ait été cultivée jusqu'à la fin du XVIe siècle par les fils de Dominique, le pape ne peut redouter que la mort, et pour un pape, la mort, c'est l'apothéose.

Il suffit donc, pour que le pontife suprême remplisse son mandat, qu'il écrive ou qu'il dicte la sentence catholique, c'est-à-dire humaine. Ainsi, il réalise le vicariat de Jésus, en témoignant pour la vérité, dès qu'elle est en péril ; ainsi il satisfait à l'amour divin, en éclairant ceux que l'inconscience égare. Pour aviver l'expression de ma pensée, j'ai appelé le pape un jacquemart d'éternité, frappant l'heure absolue, sans souci des heures relatives ; et comme la première règle de tout discours est de se faire entendre, le pape est le *capelmeister* de la conscience universelle : il faut que le fidèle ou l'infidèle, dans chaque circonstance historique, puisse dresser, interrogativement, sa conscience troublée et que le bâton pastoral lui donne la mesure et le rythme du salut. L'étourderie et l'ignorance seules osent les reproches rétrospectifs. Parmi les décombres de toute époque morte, il est difficile de préciser par quelle faute le monument a péri ; mais au présent et dans un avenir immédiat, plus de clarté a lieu, et tel qui n'oserait parler des fautes d'Alexandre VI a une opinion légitime sur les fautes de Léon XIII. Prisonnier du peuple, dont il est sorti, le successeur de Pie IX ne sera libre que s'il va mourir hors de cette ville, qui a cessé d'être sainte, en redevenant italienne. Le plus grand acte qu'il soit donné d'accomplir à ce vieillard, serait de quitter le Vatican et d'abandonner la ridicule maison de Savoie au fantôme odieux des Césars. Ce n'est pas aimer Jésus plus que soi-même et l'univers comme soi-même, que de s'attarder dans une captivité qui pèse sur l'âme universelle. Un pape dépendant n'est pas un pape ; sa volonté ne doit connaître d'autre entrave que l'inspiration divine, et dès que cette volonté est forcée, dès qu'elle s'abaisse à une considération de possibilité ou de propicité, le prestige d'au-delà disparaît.

Ce n'est pas aimer l'Église comme soi-même, que de subir les concordats et autres vaines conventions ; ou bien il faut doubler occultement toutes les charges de l'Église et, derrière un cardinal Richard fictif, envoyer un réel et redoutable archevêque. Toutes les minorités ont possédé cette double organisation : ainsi, elles ont victorieusement traversé les pires circonstances. L'évêque en France est un fonctionnaire auquel on retient son traitement, si quelques paroles de son enseignement déplaisent. Je ne peux pas examiner ici, si l'interdit fulminé amènerait un soulèvement nécessaire, mais j'affirme que l'évêque occulte serait obéi, et que, grâce au goût de l'être humain pour la conspiration et les choses secrètes, on ferait de la sainte et bonne besogne.

In necessaris unitas. Il est nécessaire que chaque diocèse possède un évêque nommé par Rome, en dépit du pouvoir politique.

In dubiis libertas. Il importe peu que la religion triomphe dans la rue, pourvu qu'elle soit la maîtresse des mœurs, et par ce temps de franc-maçonnerie imbécile, bien des avantages peuvent être conquis impunément, si on ne les crie point.

In omnibus caritas. Aimer l'Église c'est, pour le pape, faire bon marché de sa sécurité et du bien-être des clercs. Aimer l'Église ce serait déchirer le concordat, réduire le clergé de France à la mendicité et soi-même pape demander à l'univers un rocher ou reconquérir sa dignité. En notre temps, rien n'est admirable : aussi voit-on toutes les natures d'élite se plonger dans le culte exclusif du passé. Si un pontife se montrait l'incarnateur rigoureux de l'idée chrétienne, l'applaudissement serait si universel que l'or, les dévouements viendraient à lui. En vertu des normes providentielles, la quantité des déraisons peut être arrêtée par la qualité d'une raison divine. Jamais les fidèles n'ont manqué, mais les grands prêtres ; jamais les soldats, mais les dignes chefs ; jamais les troupeaux, mais les pasteurs. Ceux qui viendraient à ce pape formidable d'intransigeance seraient formidables aussi, et sans la crainte de salir, par un souvenir militaire, l'auguste sujet de ce discours, je dirai que le catholicisme formerait ainsi quelque chose d'analogue à la vieille garde, et que ceux-là auraient vite fait d'être chauffeurs chez les Rothschild et grenadiers dans les loges maçonniques.

Que le lecteur ne s'effraie pas à cette évocation et à l'effet de désordre qu'elle produit. Le pontife qui se poserait seulement cette question : « Qui suis-je ? » trouverait aussitôt son devoir, c'est-à-dire verrait que le vicariat de Jésus-Christ consiste à ne rien retenir du temporel et à ne rien céder du spirituel.

Archidoxes du Sénaire

XLV. La charité qui est l'amour de tous, doit se manifester dans la personne du pontife, par la plus grande impartialité.

Aucune affection de lieu ou de personne ne lui est permise, si elle dénie la stricte justice.

XLVI. — Les religions doivent se reconnaître en elles comme faits et entretenir des relations de charité.

XLVII. — La curie romaine doit recevoir des légats de toutes les communions et en envoyer au siège de ces communions.

XLVIII. — C'est le chemin de l'universalité que de reconnaître les dissidences comme de futures adhésions.

VII

On a beaucoup écrit sur la volonté considérée individuellement, mais le rôle des volontés collectives n'a jamais été, historiquement, étudié. Il est acquis seulement à l'expérience usuelle que celui qui commence un mouvement se trouve bientôt entraîné par ce mouvement même. Le pape dépend dans une grande mesure de son troupeau, selon l'analogie qui donne au gardien de bestiaux le stigmate de l'espèce, parmi laquelle il vit.

Les bergers ressemblent à des moutons, les gardiens de taureaux sont très différents des paysans d'alentour ; ainsi le pape d'une Église sans courage sera difficilement courageux, et j'ouvre ici une énorme et scientifique parenthèse atténuante pour tous les reproches que l'on peut faire à Léon XIII.

Changer les âmes ne peut être l'office que d'un envoyé divin ; ce qui est possible à l'effort d'un bon esprit, c'est de changer la manière de voir ou la notion. Jusqu'à présent, on a vu, dans le pape, le premier curé de la chrétienté ou un des petits princes italiens, ou encore le simple chef religieux des catholiques. Il s'agit de montrer aux fidèles que le pape abstraitement est l'expression de la conscience universelle et non seulement dans le sens de l'étendue physique, mais aussi dans le sens de la totalité humaine.

Une chose n'est pas vraie parce que Dieu l'a dite, mais Dieu l'a dite parce qu'elle est vraie. Saint Thomas d'Aquin a réuni dans cette formule tout ce qu'on doit à la révélation et tout ce qu'on doit à l'humanisme.

L'humanisme, acquêt expérimentalement intellectuel, compose le patrimoine de la civilisation. Eschyle et Hésiode nous montrent l'homme primitif arrivant lentement à la conscience après avoir subi l'action redoutable des phénomènes cosmiques. Un jour de cette époque initiale, il fut acquis qu'une période d'obscurité succédait, à peu près régulièrement, à une période de lumière et qu'il était préférable de remettre tous les travaux à celle-là. Quiconque eût voulu déclarer fausse cette succession du jour et de la nuit, eût passé pour fou. Eh bien ! depuis sept mille ans d'histoire, l'humanité a acquis d'autres certitudes ; et surtout depuis que l'imprimerie a permis de réunir sur une table les livres sacrés de toutes les époques et les annales de tous les peuples, on a connu des lois historiques, comme l'homme primitif avait constaté des lois physiques.

Celui qui met en doute le résultat de l'expérience et de la comparaison est un barbare qui mérite tous les supplices, puisqu'il attaque le génie même de l'espèce. Dans l'homme, la violence de l'instinct triomphe souvent de l'expérience ; dans la vie sociale, les intérêts sont le plus souvent en contradiction avec l'intérêt général. On ne peut pas demander au chef d'une nation, ni au chef d'une industrie de n'être pas partial envers soi-même ou les siens puisqu'il en a accepté le mandat, et la grande lacune à combler sera de produire une puissance médiane, entre l'humanité et ses fractions. Voilà pourquoi le pape, gardien du patrimoine humain pour exercer un rappel permanent à l'abstrait, ne doit pas posséder de puissance temporelle.

Il y a toujours eu quelques hommes qui adorèrent la beauté et quelques savants véritables qui s'efforcèrent vers la vérité, mais ceux-là dépassent de leur front la foule et ne reproduisent pas l'âme générale. C'est sous la forme de justice que l'idéal a été le plus communément conçu. La bibliothèque universelle se compose des efforts que les individus et les actes ont faits pour se justifier entre eux. La papauté empruntant le bras séculier perd sa qualité verbale ; son rôle de justificatrice permanente et publique consiste à rendre des arrêts vraiment catholiques, c'est-à-dire tels qu'ils seraient rendus par des hommes d'une autre race, d'un autre lieu, et d'une égale bonne volonté.

Supposons un débat entre deux intérêts vivants ; il s'agit de trouver le point humain, c'est-à-dire universel. Il ne faut plus se souvenir du génie latin, de la discipline propre à l'Église, il faut assembler, en esprit, le saint synode des intelligences pures. Soit Moïse, Orphée, Platon, Aristote, Dhyrgatamas, Krysna, Plotin, saint Thomas, Spinoza, Leibnitz.

Comme nous avons leurs œuvres, qu'elles s'éclairent entre elles, que le temps et les commentateurs en ont montré les défauts et ses artifices, je professe qu'on peut recueillir en sécurité de conscience, leurs voix posthumes et leur unanimité constituera la vérité même, telle que notre infirmité la peut concevoir. Je sais l'impertinence qu'il y a d'inviter le Saint-Père à s'enquérir de l'avis de Spinoza. Pour les dévotes, le Saint-Esprit est le très humble serviteur du pape, le complaisant et divin souffleur de ce presque divin acteur. Il n'est pas mauvais que les vieilles femmes de province pensent ainsi, mais la théologie n'ayant été faite ni par des femmes jeunes ou vieilles, ni pour des femmes, le plus routinier des catéchistes sera forcé d'avouer, si on le presse, que le Saint-Esprit n'a rien promis, et qu'en son absence, qui est fréquente, le pape en est réduit à ses propres lumières ; voilà pourquoi il faut qu'il ait des lumières et comme la lumière n'est pas plus une chose rouge que verte, que bleue, c'est-à-dire latine, ou germaine, ou italienne, et que percevoir une couleur ce n'est pas être éclairé, quand le pape pense humainement, il doit penser avec les grands penseurs, en unité.

Quand le pape administre humainement, il doit administrer avec les autres grands conducteurs de consciences ; enfin et pour tout dire, le pape doit être la synthèse de l'humanité et non pas l'évêque de Rome.

Quant aux cardinaux préfets des congrégations, qu'ils se modèlent sur leurs prédécesseurs, non pas de l'Église, mais de toutes les Églises.

L'infaillibilité du pape est un dogme légitime, puisque nous avons pu en donner la rationalité, mais elle n'a lieu de paraître que dans de rares circonstances, tandis que la faillibilité participe à tous les instants.

La communion des saints est basée sur la survie du Verbe, c'est-à-dire que le monde des pensées étant une zone d'immortalité, il s'y produit des ralentissements et des repos, mais point de mort. L'Idée formulée d'une façon harmonique entre dans une sorte d'éternité. Le mouvement n'est pas l'existence et certaines notions semblent disparues d'une époque. Quand les dominicains d'Espagne torturaient quatre mille cinq cents femmes en un an, l'idée de pitié formulée par Gotama et par Jésus avait cessé son mouvement ; mais d'une façon lente, elle a reparu dans l'esprit de l'historien, et aujourd'hui un fils de l'Église vient réclamer la condamnation rétrospective et l'exécration solennelle de l'Inquisition. Si donc rien ne meurt dans le monde des pensées, si les sublimes intelligences restent, malgré le temps écoulé et le mystère de leur devenir, à la disposition pieuse de l'homme, il y a une communion des génies comme il y a une communion des saints, et quels intercesseurs plus puissants auprès du Saint-Esprit que ceux mêmes qui l'ont exprimé !

Donc, quelles que soient la splendeur et la plénitude de la théologie, le pape doit s'éclairer de toutes les lumières de l'humanité : il n'est catholique qu'à la condition de puiser à l'universalité des sources puisqu'il doit désaltérer l'universalité des soifs. Le pape romain est une conception médiocre, le pape chrétien est une conception incomplète, le pape catholique reconnaît toutes les tiares du passé parce qu'il réunira toutes les tiares de l'avenir.

Je violente un sentiment essentiel de l'âme générale : les deux religions les plus fortes comme résistance, malgré leur infériorité doctrinale, le mosaïsme et son succédané, le mahométisme, empruntent leur puissance à leur exclusivisme. Pour l'Hébreu et pour le Musulman il n'y a pas de salut, hors de Moïse et de Mahomet ; et le catholicisme a reproduit cette assertion dangereuse, sans l'expliquer.

Hors de l'Église, pas de salut pour celui qui, connaissant l'Église, se refuse à elle qui s'offre à lui ; mais quant à enseigner que les païens et les gentils, c'est-à-dire toute l'humanité sauf les Juifs et les Latins, seront exclus des mérites de la passion, cela constitue un double blasphème et de la foi et de la raison. Le déshonneur qu'on avait voulu jeter sur l'humanité orientale se change chaque jour, par les découvertes et les traductions, en une gloire étincelante. On peut dire que dans tous les temps et presque en tous lieux, il y a eu des saints et des justes et l'Église n'a que l'excuse de son ignorance, pour avoir répudié de si dignes aïeux.

Le rôle de justicier actuel, qui appartient au pape, s'augmente encore de celui de justicier rétrospectif. À lui de rendre aux saints du prétendu paganisme, les nimbes qu'ils ont mérités, en préparant les âmes à recevoir la parole définitive de Jésus, qui est venu couronner la vie religieuse de l'homme et non pas déshonorer la plus grande part de son histoire. Quelque soin que je prenne de modérer l'expression, d'éviter les heurts, ce livre aura toujours le radical défaut d'être imprimé.

Ce qu'il contient eût dû être dit verbalement, mais l'époque religieuse est telle que rien ne passe la porte de bronze, si ce n'est le scandale ; et qu'il faut le secours des gazettes pour parvenir à la pensée du vicaire de Jésus-Christ.

Non seulement, le clergé romain a le mépris des laïques, mais encore la haine des laïques théologiens ; il considère le zèle du fidèle comme un reproche et comme une concurrence ; ils ne vivent point pour les choses sacrées, ils vivent d'elles. Une routine prodigieuse cimentée par l'intérêt individuel d'un millier de valets ferme le Vatican à tous ceux qui pourraient y apporter ou des idées ou un concours. Si le catholicisme était mortel, il mourrait du Vatican. L'histoire du Juif de Boccace est toujours vraie, et les pèlerins qui viennent avec ferveur s'en retournent l'âme troublée et incertains de l'avenir chrétien.

On a reproché à Léon XIII d'avoir licencié le parti catholique en France : c'était son droit de retrancher une branche pourrie de l'arbre ecclésial ; mais il faut qu'il retranche aussi toute la frondaison italienne et romaine, sinon il perd cette épithète qui fait toute la vérité et la légitimité de l'Église.

Elle ne sera sauvée que par un élargissement de ses voies, qui en fasse le milliaire d'or où tout le passé et tout l'avenir aboutissent.

La Providence, sans cesse contrariée par le destin et la volonté de l'homme, disparaît de l'Occident, si le pontife ne la manifeste.

Si l'Église ne subsiste que par des habiletés et qu'elle emprunte aux passions humaines leurs procédés mesquins, la latinité s'éveillera un jour, dupée et furieuse.

Le socialisme est la question bruyante, et qui fait vacarme, une autre plus capitale s'y annexe : le principe d'autorité.

Omnia enim vestra sunt ; vos autem Christo Christus autem Dei. Tout est vôtre (vous êtes au Christ et le Christ est à Dieu), magnifique formule, qui résume tous les vœux exprimables à la papauté.

Tout est vôtre, ô pape, et les chrétiens et les gentils, et les âmes et les peuples, mais vous êtes au Christ, et dès lors vous n'avez pas de temporalité mais bien l'universalité spirituelle. Votre royaume n'est ni l'Émilie, ni les Marches, ni Spolète, ni Orvieto, ni Bologne, car votre parole s'étend sur toutes les villes et sur tous les villages. Mais le Christ est à Dieu ; mais l'unité est votre loi dans la doctrine, comme dans l'application.

Archidoxes du Septénaire

XLIX. — Ce sont deux erreurs de croire que la religion n'est bonne qu'à la foule et la philosophie qu'à l'individu ; cela équivaut à prétendre que la religion dispense de bien penser et la philosophie de bien vivre.

L. — En toute entreprise, il y a un fait spirituel, la méthode ; un fait moral, l'application ; or, le catholicisme n'est pas bien sûr de sa méthode et l'applique parfois dans le vide.

LI. — L'éblouissement causé par les hypothèses théologiques a fait repousser les évidences usuelles ; et certains esprits ont pris le vitrail pour la lumière.

LII. — L'homme ne connaît pas la justice, mais il y aspire très fortement, et s'en rapproche par la pitié.

LIII. — Nos erreurs irrémédiables sont nos limites de faculté ; au-delà d'une certaine perception, l'œil et l'entendement se troublent ; les grands philosophes n'ont pu pousser leur système à son plein effet, et Plotin a achevé toutes les phrases de Platon. Il faut donc avoir égard à la tradition d'une idée, car nous ne la concevons qu'après que plusieurs pensées nous l'aient pensée, comme on dirait mâchée.

LIV. — La vérité ne peut pas être bien différente des aspirations de l'humanité, des formules de ses théurges : la vraie recherche n'aboutit jamais à des nouveautés, mais à la proportion entre d'anciens concepts.

LV. — Les fondateurs de religion et les grands philosophes constituent un concile œcuménique permanent, que le pape lui-même doit consulter.

LVI. — L'Église a méconnu les Alexandrins et méconnaîtrait encore saint Denys, si on le lui présentait anonyme, parce qu'elle a renoncé à l'ésotérisme ; abandonnant ainsi les trésors de la gnose, parce qu'ils disconviennent à la foule.

LVII. — Comprendre est une façon de croire, mais il faut tant de mérites pour proposer le mystère à la compréhension qu'on a préféré l'imposer à la foi. Voilà pourquoi il y a de si grands personnages hors de l'Église, qui y fussent entrés si on leur avait ouvert la porte Éleusienne.

VIII

Trois normes règlent l'existence sociale : le destin, qui a sa forme régulière dans la monarchie ; la volonté, qui se réalise en démocratie, et la providence qui a son application dans la théocratie.

L'histoire d'une doctrine montre ces trois éléments superposés ; la primitive Église présenta un double caractère de théocratie et de démocratie, tandis que, depuis Constantin jusqu'à Pie IX, ce fut un idéal monarchique qui prédomina.

Il est incontestable que tout pouvoir spirituel est de nature théocratique ; il est également incontestable que le pouvoir théocratique ne peut employer la force que d'une façon défensive : même il vaut mieux qu'un pontife soit protégé que s'il se défendait lui-même.

Recherchons maintenant la caractéristique des trois formes gouvernatives : suivant Aristote, la royauté se propose de tout soumettre à un seul, la démocratie de tout soumettre à tous, et la théocratie de tout soumettre à Dieu. Mais Dieu n'est conçu que selon un anthropomorphisme plus ou moins élevé. La Grèce concevait des dieux bien inférieurs à la pureté d'un Orphée, et il s'en faut que l'énonciation catholique ait toujours suivi le caractère même de son fondateur. La théocratie se propose un idéal, tandis que les autres formes n'avouent ordinairement que des intérêts. La religion reporte, au-delà de la vie, le bonheur que le positivisme demande au présent : dès lors, débarrassée des exigences immédiates de l'individu, elle l'amène à renoncer.

Renoncer : tel est le verbe même de l'équilibre. Entre deux époux, la loi d'harmonie exige un renoncement ; de même entre deux États, entre deux castes ; et les gens de la Révolution ont été de stupides malfaiteurs en méconnaissant le seul moyen de paix en ce monde : la renonciation d'une partie de ce monde. Renoncer n'est pas seulement épuiser la convoitise normale, c'est aussi et surtout lui substituer une attirance supérieure. La magie offre à l'homme de le hausser, la religion de le mettre en rapport avec son Créateur : toutes deux ont pour objet la sublimation de l'homme, et le pape, qui doit réunir la pensée du mage au cœur du saint, a pour besogne la sublimation de l'humanité. Le côté religieux l'emporte sur celui magique dans la fonction pontificale, la vie terrestre ayant pour objet l'élévation de l'âme : nous serons jugés sur nos sentiments seuls, et Jésus, seconde personne divine, n'est venu reformer que le cœur. Ceux donc qui se sublimisent en esprit sont en avance, sur le devenir normal ; mais il est nécessaire que le professeur soit en avance sur l'élève, le pasteur sur son troupeau, et le pape sur la chrétienté. Figurez-vous Plotin, cet accomplissement de la lumière platonicienne, assis sur le trône de Pierre : son énonciation, si satisfaisante pour quelques-uns, ne correspondrait pas au besoin général. La religion est l'entreprise des âmes, la suprême police des instincts et des passions ; pour la métaphysique c'est un surcroît.

Les saints ont été des prodiges ; ils correspondent au génie, on ne saurait donc les proposer pour modèle. Ce qu'on appelle le salut consiste dans l'observance de quelques règles, elles suffisent à faire de l'ordre socialement ; le fameux décalogue, trop admiré, ne vaut qu'en manière d'abrégé ; la religion repose sur trois verbes et non pas sur un nombre de cas disciplinaires. Croire, c'est-à-dire renoncer aux bénéfices immédiats de l'instinct, pour participer aux bénéfices d'au-delà du sentiment ; espérer, c'est-à-dire attendre du devenir seul, la réalisation de félicité. Enfin, la charité créant la passion de Dieu et la répandant sur le prochain, constitue une barrière à tous les égoïsmes et au concupiscible comme à l'irascible.

Forme collective de la vérité, la religion doit se modeler extérieurement sur l'âme moyenne, mais cette mise au point exige, chez qui l'opère, un développement complet de la cérébralité. On a fait grand honneur au judaïsme d'avoir énoncé l'unité de Dieu, sans prendre garde que les Hébreux croyaient propre à eux seuls et simplement supérieur à ses collègues d'en haut, le Jéhovah qu'ils invoquaient. On a beaucoup débattu s'il convenait de donner au peuple la plus grande somme de vérité ; il fallait rechercher d'abord la somme de mystère dont l'homme est capable.

Les curés de villages peuvent se scandaliser, mais en humaniste, c'est-à-dire comme représentant du *consensus*, je leur dirai que partout, toujours, les hommes supérieurs furent monothéistes, et les inférieurs polythéistes ; et sans ma répugnance de fidèle, à retrouver dans la religion que je professe, les tares communes à toutes les sectes, je montrerais que la forme actuelle du culte, pour légitime qu'il soit, n'en démontre pas moins que l'âme humaine a un penchant polythéiste, et qu'il ne faut pas accuser les fondateurs, mais bien l'imperfection de l'espèce.

Le successeur de Léon XIII laissera un libre cours à la dévotion, en autorisant tous les Lourdes qui pourront surgir, mais il ne tolérera pas l'efféminement de la religion et la ridicule emprise des abonnées de l'Église, cabalant, comme au théâtre.

En province, sinon les curés, du moins les vicaires sont à la merci des mégères catholiques, tricoteuses de l'autel, qui trompent leur vieille sexualité en imposant au desservant leurs tatillonnantes fantaisies.

La religion est de soi une chose mâle, virile, et le courant jésuitique qui va s'éteignant apparaît plutôt comme une corruption de la casuistique, non comme une saine entreprise. Chaque fois qu'un homme de pensée a parlé au pontife, il a toujours envisagé son propre rêve : je pense éviter cette faute, en plaçant la règle papale dans le résultat. Le pilote n'a pas le droit de sombrer, ni le général d'être vaincu ; seul individu dispose de soi, mais quiconque est suivi, répond de ceux qui suivent.

La nouveauté présente trop de chances douteuses pour conseiller, ici, de grands changements. Il en est un cependant qui s'impose : c'est la séparation du temple et de la sacristie, et à ce point que le prêtre ne devrait pas paraître dans une église, autrement que dans le chœur et en costume d'officiant ; le paiement des chaises, les quêtes, les bedeaux sont à supprimer. Si on essayait de quêter avec rebondissement de hallebarde pendant la neuvième symphonie, au concert Lamoureux, il y aurait émeute ; je m'étonne que le saint sacrifice de la messe n'oblige pas au même recueillement.

Si on défalque des vingt minutes que dure une messe ordinaire les moments pris par la chaisière, les quêteurs et quêteuses, le prêtre qui lit les mariages et les offices de la semaine, il ne reste pas cinq minutes d'oraison. Le monde n'a encore permis à aucun acteur d'improviser son rôle, l'esthétique se figure qu'il faut un génie pour le composer, et un talent pour dire ; l'Église permet aux derniers des patoisants de mâcher des bribes de catéchisme : ainsi la parole de Dieu se trouve la seule parole que l'on profère, sans préparation, ni art, ni soin.

Lorsqu'un prêtre ou acteur religieux aurait heureusement passé des examens de déclamation, de mimique et d'action oratoire, il pourrait alors *exécuter* le grand carême de Massillon, l'Avent de Bossuet ou telle autre partition sacrée. Ces exemples de réformes à opérer sur les habitudes catholiques se réduisent à un simple commandement, pour le successeur de Léon XIII.

Tous les actes religieux doivent être accomplis avec le même soin que les cérémonies profanes correspondantes. Cela ne semble pas exiger beaucoup, et cela cependant rendrait muette pour un temps et la chaire de Notre-Dame et tous les prônes des grandes villes.

La routine, qui déclare, en face des événements, que les portes de l'Enfer ne prévaudront point, s'en remet, dans la pratique, à l'intervention du Saint-Esprit.

Or, la dignité du pontife réside à ne jamais compter sur le secours d'en haut et à s'efforcer dans le domaine divin, comme s'efforcent ceux qui veulent réussir dans le domaine humain.

Si le miracle doit se produire, c'est en couronnement du zèle : l'inertie qui l'attend ne l'obtient jamais. Nous sommes donc convenus que la première règle de la papauté est une application tout humaine aux choses divines, et prise d'après le simple modèle de ceux que meut l'intérêt individuel.

Archidoxes de l'Octénaire

LVIII. — Savoir conjure le destin ; vouloir dompte le présent ; connaître, seul, promet la victoire à moins qu'un autre verbe paraisse qui les résume tous : Aimer.

LIX. — L'amour n'a jamais que les qualités de son objet ; voilà pourquoi les passions ne réalisent rien de parfait, tandis que la charité supplée à tout et s'égale, en résultat, à la science et au génie.

Jésus-Christ a prouvé sa divinité par la simplicité même de sa doctrine : comme toute formule vieillit, sitôt exprimée, il n'a point donné de formule, il a seulement orienté le cœur de l'homme vers l'absolu et les temps peuvent changer, d'autres humanités venir, cette orientation, si divinement simple, restera la vérité de la terre, car elle reproduit la vérité qui est aux cieux.

LX. — Beaucoup, qui croient penser, ont seulement senti, de là *le Contrat social*, le Pape, de Victor Hugo ; la pensée suppose la perception de rapports opposés, et le sentiment n'est que l'exagération d'un unique rapport.

LXI. — La religion agissant sur la sensibilité, méconnaître l'apport des arts dans les phénomènes de l'enthousiasme, c'est être indigne de clergie.

LXII. — L'art séparé de la religion devient son rival, rival redoutable car il conquiert les âmes les plus rares, et les détourne de la foi par des satisfactions d'enthousiasme analogues à celles de la foi.

LXIII. — Si l'Église continue à méconnaître ce qu'elle doit à la Beauté, la Beauté deviendra une sorte de religion, et fanatique.

IX

Ceux qui méconnaissent l'action pondérante des couvents ne sont pas même initiés à la pensée romaine, la plus inférieure des anciennes pensées. En vertu de la théorie du renoncement dite tout à l'heure, les moines équilibrent les bandits et, comme une immense solidarité unit ensemble tous ses êtres, dignes ou indignes, d'une même série, la religion agit scientifiquement, en créant l'excès du bien, comme antidote aux excès du mal.

Ici, une matière grave se présente : la théorie du salut individuel. Un homme peut-il être sauvé, s'il entend se sauver seul ? Plus pathétiquement, quelle est l'âme la plus chrétienne de ces deux âmes : une parfaite épouse qui ne risquerait pas son salut pour assurer celui de l'époux, et une amante qui préférerait suivre l'aimé en enfer, que de l'y savoir seul, pendant qu'elle goûterait les joies paradisiaques. Romanesque mis à part, la chrétienne est celle dont la pitié dépasse l'intérêt, même éternel. Wagner, en faisant chanter par les anges, au final de *Parsifal*, la fameuse formule : « Rédemption, au Rédempteur ! » a été vrai théologien. Seuls, les sauveurs seront sauvés : « Celui qui, dans aucune circonstance, n'aura été l'occasion de lumière pour autrui ; celui qui n'aura jamais été momentanément un aimant divin, celui qui arrivera seul, soit au jugement particulier, soit au jugement général, ne sera pas élu. »

Si j'ai développé cette nécessité, d'être le saint d'autrui pour obtenir son salut, c'est que la papauté apparaît, au plus haut degré, l'office de la totale rédemption. La philosophie, nécessaire au pape, aux cardinaux, à tous ceux qui sont égregores, ne supplée jamais à l'action religieuse. C'est donc un pasteur d'âmes que le pontife, et non un maître des esprits ! Il doit parler le langage animique, opérer des prestiges de sentiment, voilà pourquoi je disais plus haut, que le prestige de justice est le plus nécessaire à la tiare. L'âme a deux mouvements, l'un expansif de contagion, sur les autres âmes ; l'autre, réactif de dispersion. La propagande d'un culte naissant a toujours eu les femmes pour missionnaires ; mais aussi les cultes établis ont toujours dû se défendre de la dispersion féminine. Castelfidardo a été l'erreur d'un pape trop passionnel, et les silences de Léon XIII, car on ne connaît de lui aucune parole prononcée dans les circonstances qui en exigeaient, sont les fautes d'un pape trop intellectuel.

Le catholicisme possède le chef-d'œuvre de l'ascèse mystique : la plus noble carrière que puisse fournir une âme est celle d'une sainte Thérèse, d'une Catherine Emmerick ; mais les phénomènes illuminatifs, intermittents chez les plus grands saints, comportent des réactions imprévues d'obscurité, et le pape doit rester raisonnant, dans toutes les circonstances de sa fonction. Ceux qui se sont assis sur le trône pontifical n'eurent jamais de vision ; c'eût été un élément de trouble, en leur mandat difficile.

L'oraison mentale est de deux sortes ; ou tension animique vers Dieu, ou tension intellectuelle, à propos de Dieu. Le pontife, prêt à recevoir l'inspiration d'en haut, doit l'attendre, sans croire surtout la pouvoir forcer.

Léon XIII s'encombre d'avis diplomatiques comme un monarque, au lieu de calculer les équations de l'éternel à l'actuel ; depuis vingt-deux ans, il n'a pas été fait mention d'un seul colloque pontifical avec un des représentants de la pensée humaine. Il n'a vu que des prêtres et des diplomates, c'est-à-dire que des sujets et des envoyés politiques ; il est donc impossible, que l'aération de ce cerveau soit complète. Aucun rapport n'existe entre les autres chefs religieux et lui, aucun rapport ne le réunit à son troupeau. Le Vatican ne répond pas aux lettres, il faut s'adresser aux monsignori par la menace ou par l'argent. Évidemment, le pontificat étant le sommet des dignités reste sur les hauteurs et ne remplit pas son oreille des vains bruits de la vie ; mais son nom l'indique, il est père et il doit se pencher vers ses fils, non seulement pour les bénir, aussi pour les entendre. Tous les ans, chaque paroisse de France devrait se réunir et déléguer un laïque à une assemblée diocésaine. Là, un nombre de porte-paroles ou plutôt de porte-cahiers serait choisi pour présenter au pape les vœux de réformes de la province. Cela dérangerait les évêques dans leur visite *ad apostolos*, mais cela permettrait au Saint-Père de se rendre compte des réalités de la foi.

Certes, le pouvoir du pape doit être absolu, mais son information devrait être parfaite, tandis qu'elle est nulle. La simple idée que la pensée du vicaire de Jésus-Christ s'arrête un instant sur eux, localement, ferait une salutaire impression aux fidèles et détruirait le caractère trop monarchique de la cour pontificale. Lorsque le pape consent à se montrer à une messe de la Sixtine, l'invitation ne suffit pas, il faut être en frac. Je comprendrais qu'on exigeât l'habit de pèlerin qui correspondrait au moins à l'idée religieuse : encore serait-il dans l'esprit de l'Église qu'une bande de pauvres, les plus dépenaillés possible, eussent le pas sur les ambassadeurs. En tout cas, il faudrait ne pas avoir l'impression d'être chez Humbert, quand on entre chez le vicaire de Jésus.

Ce sont là des formes qui survivent à un fait, le pouvoir temporel. Le véritable entourage et, si j'ose m'exprimer ainsi, l'état-major du pape devrait être composé des attachés religieux de toutes les religions. Le prêtre bouddhiste, représentant de quatre cent millions d'âmes, et d'âmes vertueuses, ferait plus digne escorte au pontife romain que le chargé d'affaires de Portugal. Si l'Église continue à nier les autres religions, une heure est prochaine où elle ne pourra plus remplir son rôle de médiatrice.

L'invasion russe, en ouvrant derrière elle la barrière de l'Europe aux races jaunes, amènera d'effroyables conflits qui pourraient être conjurés de pape à grand lama. Qui sait même si le pape Léon, arrêtant Attila aux portes de Rome, ne l'a pas fait par une entente entre le prêtre d'Attila et le prêtre du Christ ? Pendant les siècles où l'Occident a été parcouru et saccagé par les Mahométans, la papauté a-t-elle fait tout ce qui lui était possible, auprès de ceux qui régissaient l'âme des infidèles ?

La civilisation latine est la fille de Jésus, comme l'Occident est le théâtre des mérites de sa passion. Il faut donc vaincre les vieilles répugnances et reconnaître les sacerdoces orientaux, afin d'obtenir miséricorde pour le prochain et incommensurable massacre qui attend la latinité tout entière. Ainsi donc, le second devoir du successeur de Léon XIII sera de créer et d'entretenir l'entente la plus étroite entre le catholicisme et les autres religions, et moins pour sauver les Latins que pour répondre à l'épithète catholique. Elle implique tous les efforts qui tendent à maintenir la paix et à diminuer l'horreur des guerres de race qui vont commencer.

Archidoxes du Novénaire

LXIV. — La papauté est un office de rédemption, non pas de gouvernement. Le bâton pastoral a ses racines au plus réel de la terre, mais son épanouissement outre-monde ; les formes monarchiques seront toujours des fautes.

LXV — Le pape-roi temporel est aussi absurde que le roi-pape, ce sont deux puissances qui se nient et la même main ne peut pas montrer incessamment le ciel et s'étendre possessivement sur les contingences.

LXVI. — La théocratie n'exclut ni l'oligarchie des capacités, ni la démocratie des besoins, et le peuple chrétien devrait avoir son Tiers-État et ses États-Généraux, en face du pouvoir central.

LXVII. — Tant que le pape n'aura pas établi des rapports de charité avec les puissances religieuses, comme il a fait de tout temps avec les puissances politiques, il ne sera pas compris de l'humanité ; car il n'en aura pas compris lui-même, les besoins.

X

« Relativement à la Norme divine ou Providence, ai-je ce droit ?

« Relativement à la Norme humaine ou Destin, ai-je ce devoir ?

« Relativement à la Norme sérielle ou Nécessité, ai-je ce pouvoir ?

« Il faut une permission, une équité et une possibilité, au début du vouloir.

« Cette triple formule s'applique, comme un transparent, pour tracer la droite ligne de conduite.

« Droit, c'est-à-dire légitimité d'action ; Devoir, c'est-à-dire obligation d'agir ; Pouvoir, c'est-à-dire propicité du résultat. »

Prenons un exemple des moins séditieux. Le pape a-t-il le droit d'imposer au culte, des formes logiques, c'est-à-dire convenantes ?

Le pape a-t-il le devoir de repousser comme autant de blasphèmes, la laideur dans les cérémonies canoniques ?

Le pape a-t-il le pouvoir de réformer le culte extérieur ?

Sur ces trois affirmations indubitables, on peut fonder ce reproche que, depuis le plan d'une église jusqu'aux offertoires qu'on y joue, en passant par tous les arts qu'on emploie à l'orner, l'indifférence totale est l'opinion de Rome.

Or, la religion s'adresse à la sensibilité des peuples et, suivant que celle-ci est émue, il se produit des conversions, des donations, des fermes propos et des miracles. Si on est convenu que chanter les louanges du Seigneur est un rite excellent, pourquoi ne pas les chanter, avec le même soin que mettent les profanes aux auditions purement artistiques ? Comment admettre que, dans une paroisse des plus riches de Paris, l'orgue vraiment lamentable continue, depuis dix ans, à désapprendre l'harmonie aux fidèles ? Comment se fait-il que les romances idiotes de Faure le franc-maçon aient le privilège des voûtes sacrées ? Comment se fait-il que les églises acceptent n'importe quelle statue de carton-pâte, n'importe quelle peinture, pourvu que ce soit voyant et doré ? Comment se fait-il, que l'objet de piété soit devenu une chose blasphématoire et que l'image dévotieuse, répandue à d'innumérables quantités, ne reproduisent jamais les sublimes inspirations de la Foi ? La même paresse qui permet aux prêtres de prêcher, sans savoir ni penser, ni parler, leur permet aussi d'encombrer la maison du Seigneur de choses informes. Cependant le Moyen Âge considérait la fresque et le bas-relief comme la Bible des simples. Comment nier l'importance de l'élément artistique, pour provoquer l'enthousiasme et l'idéalité, puisqu'il existe une religion de la beauté qui a eu son pape, dans la personne de Ruskin, et ses miraculés parmi les auditeurs de Bayreuth ? Un prêtre me disait en sortant de la représentation de *Parsifal* : « J'ai senti pour la première fois l'immanence de l'Esprit-Saint. » Si, de Giotto à Raphaël, une merveilleuse série de peintres de l'Église n'était pas, là, pour venger l'Évangile des chromos et des tracts dévotieux, le catholicisme aurait déjà perdu la plupart des esprits cultivés.

La puissance de l'image, lorsque l'image est un chef-d'œuvre, va plus loin qu'on ne pense : la papauté elle-même profite de l'auguste voisinage de la Sixtine et des Chambres. Sans vouloir convaincre le clergé que la beauté est un des noms divins, je lui enseigne, que jamais les sacerdoces n'ont dirigé une époque quand ils ont méconnu ce que l'on doit à l'intelligence et à la civilisation.

La catholicité ne s'entend pas seulement des personnes, mais aussi des modalités de la perfection. L'Église admet l'image, le chant, la statue, il faut que l'image, la statue et le chant soient beaux.

La perfection de la force convient à la pureté de la doctrine et, pour n'avoir pas senti la nécessité de rendre au corps l'honneur qui lui est dû, l'Église a laissé dans l'âme chrétienne, comme un regret du monde grec.

Saint-Pierre de Rome est orné, et ce qui montre combien le pape lui-même a besoin d'être rappelé à la compréhension de sa tiare, ornée d'une sorte si païenne, que ce sont des amours qui remplacent les anges, et que, sur tous les pilastres, ils font joujou de la tiare et des clefs, au lieu de les porter avec le sentiment ému des Primitifs.

La métropole chrétienne a été construite, après la période de foi ; il fallait en faire le musée des œuvres les plus chrétiennes inspirées aux divers arts.

Le successeur de Léon XIII devra déléguer des nonciatures esthétiques, afin qu'aucun ornement n'entre dans une église, sans un visa double d'orthodoxie dogmatique et artistique. Ainsi seront ruinées, les ignobles boutiques du quartier Saint-Sulpice.

Malgré que le pouvoir papal laisse à son détenteur la plus grande facilité de réformes, l'Église a pour ainsi dire la vanité de sa durée ; elle tend à s'immobiliser dans une contemplation complaisante du passé ; elle survit à tant de choses qu'elle finit par cette hallucination étrange que, tout, un jour, lui reviendra sans effort : elle oublie son humanité qui l'oblige à la continuité du labeur ; elle méconnaît la nécessité du mouvement pour s'accroître et, dans le respect qu'elle a de ses rouages séculaires, elle se refuserait à l'action, si le torrent des aventures nationales ne refluait sur elle. Dans l'Italie perdue et croulante, elle s'attarde, comme si elle attendait le silence et le désert pour reprendre sa prédication et sa marche en avant. Peut-être cette expectative conviendrait-elle en certaines périodes, mais l'heure actuelle est plus impérieuse et surtout l'heure prochaine où les épées des Brenns vainqueurs seront les seuls poids aux balances faussées de la justice. J'ai expliqué comment le pape pouvait être sans crainte, n'offrant au malheur que la faculté de le glorifier. L'Église, dont le pape n'est que la visibilité, participe au caractère intémérable de son chef. Les persécutions l'ont fondée, elle ne pâtit que de ses fautes ; elle ne commet qu'une faute unique, c'est le manque de charité, l'oubli des solidarités qui la lient à toute l'évolution humaine dont elle présente la forme accomplie. Cette médiation, elle ne doit pas la ralentir ; elle est le crible où passe l'histoire ; elle en retient les éléments de vitalité pour les léguer aux civilisations prochaines. — Le succès, cette loi des entreprises profanes, ne signifie rien pour elle : il n'y a pas de défaites pour le combattant d'Éternité. La chaîne des événements plonge aussi profondément dans le passé qu'elle se déroule au lointain dans l'avenir, et les tentatives avortées d'aujourd'hui peuvent être cependant des avancements vers le but ; voilà pourquoi le successeur de Léon XIII ne doit pas envisager ce qu'il peut accomplir, mais ce qu'il faut accomplir.

Dix-neuf siècles de passé promettent bien des siècles encore, et la sagesse humaine qui mesure ses desseins à sa longévité ne doit pas être consultée pour cette incomparable opération ecclésiale, dont le développement, malgré les traverses, décrit une parabole où les points de départ et d'arrivée plongent également, dans le mystère.

Archidoxes du Dénaire

LXVIII. — Droit : Devoir : Pouvoir : tels sont les verbes de toute décision pontificale. Le droit spirituel et le devoir spirituel constituent le pouvoir, et nul droit qui ne soit devoir ; nul devoir qui ne soit un droit.

LXIX. — Le sens chrétien a manqué aux papes qui ont construit et orné Saint-Pierre, et cela suffit à prouver qu'il a manqué également dans leur conduite.

LXX. — L'Église est si merveilleusement conçue qu'il suffit d'un grand pontife, pour réparer immédiatement, les fausses directions et remettre le cap sur l'éternité et sur l'universalité, point identique, l'un en hauteur et l'autre en étendue.

LXXI. — L'Église peut tout, parce qu'elle n'a pas besoin de légitimer ses actes par le succès ; il suffit qu'elle agisse en conformité avec elle-même, et les revers, au lieu de la diminuer, la confortent, puisque seule des puissances du monde elle est établie, contre le cours du monde.

LXXII. — Ecclésiatement, un vaincu s'appelle un martyr, une défaite exaltation ; tout ce qu'elle subit, l'augmente par la toute-puissance de la douleur consentie, au Calvaire relevée.

LXXIII. — Le christianisme est né seulement de la mort de Jésus, le christianisme a vécu du malheur de ses apôtres. Le Pape ne peut donc jamais éviter, ni pour lui, ni pour ses prêtres, aucune occasion de persécution, sans devenir terrien et perdre son caractère intémérable d'Abstrait.

LXXIV. — Le successeur de Léon XIII, pour premier acte envers l'Église de France, déchirera le concordat, et imposera diocésainement les catholiques.

XI

La justice s'opère par l'harmonisation des devoirs et des droits, et ce perpétuel arbitrage entre le devoir et le droit constitue l'office papal, par excellence. Les autres détenteurs du pouvoir n'ont qu'à concilier l'idée d'équité avec leurs besoins ; on ne saurait demander ni aux laïques, ni aux podestats de s'abdiquer pour autrui. La maxime dominante dans l'*Imitation* est de préférer toute volonté à sa volonté ; abdication qui s'entend de la vie cloîtrée et qui, appliquée à la vie sociale, produirait les plus grands désordres. La conformité à la volonté de Dieu supposerait que Dieu conduit les événements d'une façon immédiate. Or l'immédiateté ici-bas étant presque toujours mauvaise, on ne refusera pas d'admettre le libre arbitre humain comme principal facteur de l'histoire, avec le destin.

Il faut vouloir pour exister moralement, et la théorie de l'*involonté* mystique suppose un objectif absolument déterminé. Le prieur pourra forcer un de ses moines aux pires travaux, il ne lui ordonnera pas de marcher sur le crucifix, pour savoir qui remporterait en lui, de l'obéissance aveugle ou de la raison.

Au domaine spirituel, on utilise la souffrance comme au domaine industriel on utilise la force ; et le rôle de l'Église paraît de souffrir d'une façon constante et d'appliquer sa souffrance à l'œuvre providentielle. Si une humiliation sert la cause des faibles, des opprimés, nul doute que le pape doive abaisser sa tiare jusque dans la poussière comme intercesseur ; mais, dans le maintien des canons, ce même pasteur se montrera intraitable. Gomment pourrait-il modifier une doctrine dont il est constitué le gardien ?

D'après les Alexandrins, il y a quatre séries de vertus, et la plus haute comprend les facultés abstractives, non plus telles que le cœur les ressent, mais telles que l'intelligence les conçoit. La sagesse consiste pour l'individu à modérer ses penchants, au lieu de les exalter, tandis que l'égrégore et surtout l'égrégore spirituel doit cultiver l'excès puisque son office l'oblige à demeurer la clef haute de sa série : il opère donc, son harmonie personnelle en pondérant les tensions verbales, c'est-à-dire en établissant un unisson suraigu pour toutes les tensions simultanées de son entendement. Si les nécessités administratives de la fonction exercent une pression trop répétée, la faculté abstractive diminue jusqu'à s'éteindre. Le pape doit donc se maintenir à hauteur d'abstrait au spirituel et à l'état enthousiaste au sens animique ; sinon il se produirait une accoutumance, et la routine qui est la conséquence de toute régularité enliserait sa volonté. Qu'un chef religieux ne paraisse jamais à l'état sceptique ; la sérénité, thème des plus grands chefs-d'œuvre, l'idéal des meilleurs esprits, n'est pas ce que le Christ a enseigné par l'exemple. La prédication de Jésus revêt, en toute circonstance, le caractère pathétique. Nul ne l'a vu sourire, beaucoup l'ont vu pleurer ; et ceux qui veulent le suivre doivent chercher leur joie dans la souffrance et leur passionalité dans la pitié. Léon X ne méritait pas de soulever les indignations de son époque, mais ses goûts cadraient mal avec sa fonction : il chasse, il pêche, il se fait représenter des comédies, il aime les bons mots, et enfin, jouant aux cartes avec des cardinaux, il jette, quand il a gagné, des poignées de florins à ceux qui sont là. Même il monte des *scies* et, littéralement, certains détails de sa cour s'appellent des fumisteries. Certes, nous tenons compte de l'époque, de son mauvais goût et de son sincère amour de l'art. Quand le Laocoon fut découvert, toutes les cloches de Rome sonnèrent ; enfin Laurent de Médicis, sous le nom de Léon X, a pu être pape en Italie, il ne l'eût été, en aucun autre pays.

De tous les coins du monde, la Péninsule est celui qui, par ses mœurs, disconvient le plus à la nature du pontificat.

Il est indéniable que la notion de la papauté a différé suivant les époques et les milieux, et cela légitime notre intrusion dans cette matière d'une importance unique, qui comprend à la fois le maintien de la civilisation et sa progression à travers les races.

Alexandre VI, dont la fille Lucrèce ouvrait les lettres, n'a pas été un mauvais pape dans tous les sens ; son arbitrage entre l'Espagne et le Portugal fut pour l'époque une bonne médiation ; mais que dire du prieur de Saint-Marc, de ce Savonarole qui fit entendre les exhortations les plus hautes, força ses concitoyens à nommer Jésus-Christ roi de Florence, et, le 23 mai 1498, fut brûlé vif pour avoir bravé l'excommunication d'un pape indigne. La discipline, qui soumet tous les moines au pontife, était violée, mais la raison qui soumet tous les pontifes au jugement de

L'idéal avait été précédemment violé : le cas de Savonarole, comme celui des Templiers, reste une suspicion contre l'Église parce que l'Église, pouvoir spirituel, est forcée de livrer à la postérité les attendus de ses jugements, et j'avoue, pour mon humble part, que si j'encourais une sentence romaine, je ne me croirais pas condamné, sans considérants.

Il est vrai que l'Église, en ce temps, employait la torture : Savonarole eut les membres étirés à la corde ; et de pareils procédés disqualifient le pouvoir spirituel qui les emploie. L'Église, je l'ai dit, a pour mission d'obtenir de la souffrance volontaire pour en faire le salut du monde, elle n'a jamais eu le droit qu'elle a pris pendant tant de siècles, de torturer les corps et de brûler des malades et des fous, sous l'épithète de démoniaques.

L'importance ridicule donnée au démon, la manie de lui attribuer la scélératesse humaine, sont une source d'horreur. Ce n'est pas l'Église, c'est l'humanisme, c'est-à-dire le progrès esthétique de la pensée et de la sensibilité, qui a éteint les bûchers et délivré les noirs. On voudrait certes, comme précurseur de tous les progrès de la bonté collective, trouver une parole pontificale ; mais les uns ont parlé si bas qu'on n'a pu les entendre, et les autres n'ont guère mieux parlé que leur temps. Cela revient à cette nécessité de l'enthousiasme chez le pontife ; d'abord l'enthousiasme fait plus d'adeptes que la froide raison ; puis la pensée, pour se réaliser, doit se passionner. Le chef ne précède pas sa troupe, mais il l'a précédée par sa conception ; or, la conception de Léon XIII retarde, sur les aspirations de son troupeau. Loin de satisfaire au peu de zèle resté dans l'Église, c'est lui qui est le tiède ; vainement on emploiera la période cicéronienne à l'art de parler pour ne rien dire, le respect n'aveugle pas jusqu'à se substanter du néant. Si l'on pouvait obtenir du Sacré Collège une profession de foi suivie d'un projet de réforme, on s'apercevrait que, semblables à l'ancienne noblesse, les princes de l'Église n'ont rien oublié et n'ont rien appris ; qu'ils attendent le retour des vieux errements avec le plus rare cynisme de paresse. Les études chrétiennes ont été remises en honneur par les incroyants, et la presse franc-maçonne s'occupe plus que l'autre, de la papauté, enregistrant ses aimables concessions et ne désespérant plus de rien.

Il vaut mieux souffrir la méconnaissance d'une époque que son mépris, et la marque d'un bon pape est de déranger le jeu infâme des intérêts humains.

Un épouvantable concert d'éloges accompagne le nom du pontife actuel dans les gazettes ; il a hérité de cette estime des ennemis dont le gâteux de Frohsdorf était si fier. Ce dernier a embarrassé trente ans la vie politique de son pays, du moins a-t-il donné un prétexte doctrinal à son expectence. Léon XIII n'a pas même sa question de drapeau.

En mêlant les bénédictions et les sourires, sa physionomie inquiète l'imagination, sans satisfaire l'âme. Il paraît penser profondément mais il n'agit point de la façon nette, édifiante, qu'exige sa charge incomparable.

Archidoxes de l'Unodénaire

LXXV. — Les sacerdoces orientaux attiraient en leur sein, toutes les supériorités ; et nous voyons peu de guerres religieuses, dans le passé oriental. L'Église, au contraire, n'a jamais pris la peine de jeter un chapeau sur un Luther ou un Lamennais, dédaigneuse du péril qu'elle pouvait conjurer par quelques honneurs.

LXXVI. — Les schismes et les hérésies, quand ils ne sont pas de simples intérêts, sont des orgueils. Un pontife doit manier cela aisément. Léon X n'a pas vu le danger de Luther, et en thèse, la papauté, par défaut de contact avec l'âme générale, ne perçoit pas les périls ; oubliant que les forces morales surgissent, parfois, hors de son sein et qu'il vaut mieux les gironner qu'éprouver leur combat.

LXXVII. — C'est toujours un malheur que le chef paraisse tiède à ceux qui le suivent : or, le Pape n'a qu'à parler fortement, pour satisfaire la conscience religieuse.

S'il se tait, c'est évidemment, par une erreur de conception sur lui-même et son office.

XII

Si beau que soit l'Évangile, il commente seulement le Golgotha ; la prédication de Jésus eût été sans fruit, s'il eût vécu ; et sa mort, s'il ne l'avait pas voulue, n'eût pas créé le Verbe qui porte son nom. Jésus, ayant conçu l'idée du sacrifice entier de soi s'est servi de la brutalité juive pour la réaliser ; il a vécu dans la pensée perpétuelle de son supplice ; il était mort, mille fois, en volonté, avant de mourir en fait. Ce sont là des traits si essentiels que nul ne les discute. Que fait donc ce grotesque râtelier de vieux fusils à la porte de bronze et ces soldats de carnaval qui vous font douter, si on est au Vatican ou au Quirinal ou à l'Élysée ? Quelques franciscains doux et humbles, placés avec leur seul chapelet aux portes des appartements privés, suffiraient à la garde du palais apostolique.

Si Léon XIII avait le sens esthétique, il ne laisserait pas les toiles d'araignée s'attarder sur le Michel-Ange, et, se regardant dans un miroir, il n'aurait plus peur. Tel son aspect d'irréalité que personne n'oserait tuer ce revenant, ni attenter à ce cadavre qui pense. Jamais aucun pape n'a été aussi défendu contre l'assassin par sa seule extériorité. Sa garde ridicule ne tiendrait pas un instant devant quatre soldats et un caporal piémontais. Si cet auguste vieillard rêve et ambitionne encore quelque chose à ce sommet des dignités où il trône, n'est-ce pas de voir les dernières gouttes de sa veine épuisée, pourprer sa robe blanche ?

Le successeur de Léon XIII, s'il reste au Vatican, doit, le jour de son intronisation, faire savoir que quelques chapelets seuls défendent la tranquillité de sa pensée et que les assassins, s'il en est d'assez extraordinaire pour l'oser, auront un libre accès jusqu'à lui.

Il est défendu de fomenter le crime, même pour le bien de l'Église, sinon ce serait une œuvre pie que de refaire un pape martyr au seuil du XXe siècle !

J'ai dit que le berger était modifié par son troupeau et c'est l'excuse de bien des papes. Les catholiques en France sont des lâches.

Il y a certainement à cette heure, dans les prisons, des gens qui ont risqué et perdu leur liberté par leurs croyances, leurs utopies. Depuis que j'ai commencé ma vie intellectuelle, je n'ai pas mémoire d'un seul prêtre, d'un seul évêque dont la foi ait atteint le degré de trois mois de prison. Toutes ces dévotes, qui passent leur vie à assommer des cas de leurs vilaines âmes les religieux, n'ont pas eu une seule paire de ciseaux émasculatrice pour les chasseurs de moines et les profanateurs de couvents. Quand une religion ne produit plus de fanatiques, elle n'est plus à craindre, et on ne sait si l'on doit attribuer à la lâcheté des catholiques français l'inertie de Léon XIII ou bien si l'indignité revient entière à l'épiscopat. Le Vatican est obscuré par le petit peuple mesquin des monsignori, et le catholicisme en France paralysé par l'épiscopat ; tout le monde connaît des prêtres cultivés, zélés et qui voudraient prêcher, agir.

La censure et l'interdit planent sur eux : ils pourraient être de vrais prêtres que par la rébellion.

Figurez-vous un petit commis protestant, un rond-de-cuir de ministère, agent de consistoire huguenot, proposant à plaisir les pires soutanes à l'assentiment pontifical.

Quelles sont les qualités requises pour être élu évêque en France : la platitude, l'imbécillité et la complaisance.

Le benêt ou le malin qui a profité de l'esprit séminariste, commence sa sale carrière en flattant son évêque : et grand vicaire, il sait le chemin de la rue de Grenelle et il va saluer M. Dumet, primat des Gaules et dispensateur des mitres.

M. Dumet en voit beaucoup de ces assermentés, il note les plus lâches, les plus vils, les prêtres à tout faire, et, avec un sarcasme qui doit réjouir la poussière de maître Marthin, il invite le pape à investir un indigne, à donner un loup aux brebis catholiques, à créer une Grandeur protestante.

Oui, telle est la réalité ; l'épiscopat français est choisi par le consistoire protestant. Léon XIII y souscrit, comme Clément V souscrivit à la spoliation du Temple. Il y aurait un salut : les catholiques refusant les sacrements de ces citoyens de Genève déguisés en princes de l'Église. Hélas, le catholicisme n'est plus qu'une profonde habitude comme le Vatican une monumentale routine : la tiédeur des fidèles se mire sans effort dans la félonie de ses chefs ; et comme a été inventée la persécution légale et gantée, ainsi se produit l'indifférence qui dit la messe par métier à l'indifférence qui y assiste par éducation.

Quel extraordinaire prestige que celui des habitudes et des apparences ? et les Homais catholiques (Homais rentier devient catholique) demanderaient avec un sincère étonnement comment se rencontre un mauvais esprit qui estime tout en péril ; et, complaisamment, il procéderait à l'énumération des paroisses, à la ferme des chaises, au revenu des fabriques, au nombre des vicaires, aux communions d'hommes le jour de Pâques, à l'abondance des fleurs au mois de Marie, aux conversions d'Angleterre, au *Bulletin des missions* ; et Homais aurait raison comme les statistiques ont raison, comme l'économie politique a raison, comme auront toujours raison ces gens qui ne sont pas des imbéciles, mais qui sont des médiocres.

L'Église, un jour de fête, et la rue de la Paix en semaine donnent la même impression de prospérité. Mais l'Église vit de vérité, et la société de sophismes ; l'Église doit durer et il est fatal que notre société croule.

On ne peut rien dire aux mœurs de l'archevêque de Paris, c'est un curé, un peu petit pour Notre-Dame ; qui a vu briller le fer de sa houlette ? Qui donc entendit sa voix aux mauvais jours ? Quand on lui a pris le Panthéon, quand on a chassé les sœurs, qu'a-t-il vaticiné d'audacieux, de terrible ?

Acteur inconséquent, mais docile de la grande conspiration protestante, il sert comme ses collègues à anéantir, insensiblement, le catholicisme, seule vertu de l'Occident.

En débouchant de la cour du Louvre, passez sous les galeries Rivoli ; derrière une grille vous verrez la statue de l'Amiral, du calviniste dressé là, discrètement. Le protestant ressemble au jésuite, il triomphe sans éclat : la satisfaction intérieure suffit ; il ne met pas le public au fait de ses succès, car il les veut indéfinis, et comme il est lâche, qu'il a peur de combattre, il sait mieux, termite redoutable, miner une société que la soumettre.

Le duc d'Albe fut un misérable, et son roi et le pape de son temps sont d'abominables monstres ; mais les voleurs lents et les empoisonneurs méthodiques sont-ils moins des scélérats ? Cependant, quelle risée, si un écrivain prétendait que la décomposition du catholicisme par les procédés protestants est aussi noire de dessein et plus terrible, en ses conséquences, que le tribunal des troubles. Quelle risée ! et cependant l'habileté obtient un résultat autrement terrible que la force brutale. Jamais les commis de Louis XIV n'ont donné leurs pasteurs aux protestants, et c'est un gratte-papier des modernes Coligny qui nomme à tous les évêchés de France.

Le prêtre concordataire n'est pas un prêtre catholique et le pape concordataire n'est plus un pape véritable : il faut donc déchirer le concordat, tout de suite, à tout prix, sinon avouer le schisme ; et que M. Dumet, franchement installé au palais de ses prédécesseurs les antipapes, dans Avignon, rénove le second schisme d'Occident, plus déshonorant devant l'histoire, certes, que le premier.

Archidoxes du Duodénaire

LXXVIII. — Jésus-Christ évangélisant l'Inde, n'aurait pas trouvé de bourreaux ; voilà pourquoi il a paru parmi les Juifs.

Cette considération ne constitue pas un prestige suffisant pour embarrasser le verbe de l'Agneau, du passé israélite.

LXXIX. — Pendant la Renaissance, la papauté a moins fait pour la religion que pour l'humanisme, elle eut le culte de la Beauté plutôt que celui du Calvaire ; elle ne fournit point de grands théologiens, mais elle fomenta de grands artistes.

Aujourd'hui le Vatican n'est pas plus chrétien et il y a de la crasse sur les Michel-Ange et des peintures de foire mieux installées que la Pinacothèque.

Le Vatican n'est point mystique, ni esthétique, seulement diplomatique. C'est peu !

LXXX. — Si le Sacré Collège est simplement analogue à l'épiscopat français, les portes de l'enfer prévaudront bientôt, car la France a des évêques protestants et Rome des cardinaux italiens, que devient donc l'Église universelle ?

LXXXI. — Pour le commun, l'habitude est la forme de la perfection ; on va toujours à la messe, donc la religion est prospère. S'il fallait combattre pour entendre la messe, les fidèles seraient-ils nombreux ?

LXXXII. — Il faut que le catholicisme en France, soit une basse routine pour qu'un commis de ministère, M. Dumet, soit le Pape gallican et, cela, au nom du Consistoire protestant.

XIII

L'Église peut-elle mourir ? D'après ses assertions, elle durera jusqu'à la consommation des temps : d'après l'expérience seule, elle durera jusqu'à la consommation des races dont elle est l'âme.

J'appartiens à l'Église et j'accepte son assertion ; mais je ne méconnais pas l'expérience, et je prétends que l'Église doit prodiguer ses efforts aux races qui ont été la matière même de son œuvre.

On devrait savoir à Rome que le musulman ne se convertit pas, et, se convertirait-il, ce n'est ni un profit pour l'humanité, ni un succès pour l'Église, que le bédouin dise « Jésus » au lieu d'Allah !

Les missions chrétiennes ont coûté un peu trop cher à la Chine ; le pasteur évangélique apportait l'opium dans le dos de sa Bible et le sac du palais d'Été a été la conséquence du prêtre catholique sur la terre de Confucius.

Protéger les missionnaires, c'était un souci de M. Ferry lui-même : mais l'Agneau de Dieu, apporté sur des canonnières et escorté de torpilleurs, voilà qui étonnera toujours !

Le cardinal Lavigerie était, au su de l'univers, apôtre du Christ et commis voyageur des intérêts français en Afrique. Si abruties que soient des populations, elles refusent de croire au Dieu de paix manifesté par le fusil Lebel.

Certes, je vénère l'idée de la Propagation de la Foi ; je voudrais seulement qu'avant d'évangéliser les lacs du centre de l'Afrique, on s'occupât des indigènes des Buttes-Chaumont et de Charonne. C'est plus près, plus nécessaire, et ce n'est pas aussi facile.

Mettons-nous dans l'esprit du mandarin qui voit arriver quatre ou cinq personnages aux vêtements sombres, qui viennent détourner ses administrés des croyances traditionnelles du pays ? Il les bafoue, comme on bafoue les salutistes, ici ! et comme fauteurs de désordres, il les punit, a-t-il tort ? Supposez le sublime auteur de la Baghavat ou même Ezéchiel venant réciter leurs œuvres au coin des rues ? Au poste, à tabac et trois mois de prison pour désordre public.

Autre temps, autres mœurs, dira-t-on ! Autre lieu, autres mœurs, dirai-je. S'il existait la nonciature des religions, les autorités sauraient d'où viennent les missionnaires et on pourrait créer un droit des sectes, comme il y a un droit des gens, pour les diplomates.

Au reste, la façon honorable de la Propagation de la Foi serait de convertir d'abord les prêtres du pays : mais le clergé ne prend pas cette voie difficile, et s'adresse aux humbles, aux esprits mous et débiles, épaules à tout licou, et après beaucoup d'efforts, d'héroïsme même, il y a quelque part, dans le monde, une colonie chrétienne malheureuse, que la métropole sustente parce qu'elle y voit un jalon avancé de conquête future.

Le missionnaire occidental est le grand garde de l'infanterie de marine et de la légion étrangère ; le voit-il, l'admet-il ? je ne peux accommoder cette pensée et sa foi ; je prononce que le devoir du missionnaire, en tout cas, est d'épouser le sort de ceux qu'il convertit, et qu'en retour de la confiance montrée, il doit renoncer à sa propre patrie, qui est l'ennemie née et injuste de ses enfants spirituels.

Ce sont là de terribles sujets.

Avez-vous jamais élevé la voix dans une cathédrale solitaire, au crépuscule ? L'effet est tragique.

La voûte proteste, en des répercussions qui font peur ; on a été téméraire, on le sent, et l'âme du monument, réveillée, regarde dans votre âme, et la trouble, et l'épeure. Ainsi, en ces matières ecclésiales, on redoute sa parole ; après l'avoir proféré on voudrait s'être tu ; on se repent, non pas de ce qu'on a dit, mais d'avoir dit.

Révélation signifie voiler à nouveau, et le catholicisme est le voile incomparable, définitif entre le cerveau latin et le mystère : toucher à ce voile, même aux déchirures, même au bord qui traîne, cela donne l'effroi du barbare Matho en face du Zaïmph, du myste ancien quand apparaît la gaze figurant l'espace où scintillaient des gemmes, images des mondes.

Toute religion est une coupe du voile d'Isis, et qui le soulève assume le poids très lourd des aveugles respects accumulés par les siècles.

Heureux les spéculatifs qui, fermant leur esprit à la vie tragique de la vérité, contemplent son essence, en œuvre ou en prière.

Cependant, croit-on perdre la tendresse d'un père, si on l'avertit du désordre de ses affaires et de ses gens, et l'Église serait-elle si misérable que l'ardeur intempestive d'un fidèle la pût troubler ? À une illusion impressive, succède une illusion intérieure. L'avenir s'élabore, selon des lois tellement obscures que nul ne découvre l'aboutissement parabolique de son effort. Commandés par les vocations, les facultés, le tempérament et la circonstance, nous concourons tous à l'œuvre immense de l'humanité, sans bien connaître notre rôle et quelle couronne ou quel blâme nous attend. Les anges font l'œuvre de Dieu avec ce que leur livre la volonté humaine ; leur difficile tâche reste obscure, mais on sent le vent de leurs ailes actives et cela suffit à nous rassurer. Il faut agir sa foi, il faut la présenter aux autres, en exemple.

Une religion comme un individu vit de ses vertus et meurt de ses vices ; mais, tandis que la nation s'affaiblit par la conquête, la religion ne se conserve qu'en augmentant son troupeau.

Cette augmentation se produirait plus appréciable à la conversion de la canaille parisienne qu'au baptême de tous les Touaregs. Au peuple, l'exemple, et le moine seul produit l'exemple enseignant.

Videz, par la pensée, dans les faubourgs de Paris, quelques couvents de franciscains et de trappistes et qu'ils se mêlent au plus bas peuple. Les premiers jours, on les bousculera, on les insultera au passage ; mais, lorsque le quartier saura, par un espionnage de tous les instants, que les moines ne boivent que de l'eau, ne mangent que des légumes, et sont serviteurs de toute souffrance, alors le pire souteneur tirera sa sale casquette devant le moine : car il n'est pas au pouvoir du méchant de résister au rayonnement chrétien : et ce serait la vraie propagation de la foi.

Il faut que le peuple puisse toucher ses prêtres et les tienne sous ses yeux : sinon, travaillé comme il est par un enseignement infâme, il ne croira pas, lui, qui ne croit qu'à ses yeux, et qui juge la religion d'après le ministre.

Il faut des saints dans les quartiers populeux : il y en a dans les cloîtres.

Il faut des intelligences dans les quartiers riches : il y en a dans tous les diocèses, les évêques seuls étouffent leur action.

Le séminaire devrait discerner, et choisir, et diviser les pasteurs animiques et les intellectuels, car, aux deux offices, les qualités sont différentes, et tel qui sauvera des mondains ne saura parler aux ouvriers.

Le successeur de Léon XIII devra donc réformer les séminaires et les diviser en séries correspondantes, au double courant de l'apostolat.

Il ajoutera aux études une classe de déclamation, une classe de mimique et une classe hyperphysique sur les procédés émotifs de la sensibilité ; car il y a une science de l'âme, un art de l'émouvoir, et, je le redirai sans cesse, tous les arts et toutes les sciences doivent servir au règne de Dieu et à la propagation de son Verbe.

Archidoxes du Tertio-Dénaire

LXXXIII. — Les missions étrangères devraient être non des tentatives de quelques prêtres sur quelques pauvres hères, mais des ambassades de la curie romaine aux curies orientales, avec l'établissement d'un droit religieux international.

LXXXIV. — Les prêtres de la vraie religion doivent convaincre les prêtres des fausses religions d'abord ; sinon ils paraissent des envahisseurs moraux et sont maltraités, chassés et tués sans tant d'injustice qu'on croit en Occident.

LXXXV. — Le missionnaire, pour avoir le droit de prêcher dans une civilisation étrangère doit renoncer solennellement, sur l'Évangile, la métropole qui l'envoie, sinon il est un agent colonial, sacrilègement couvert du prestige chrétien.

LXXXVI. — Le catholicisme doit concentrer son effort en Occident ; ce sont les grandes capitales et leurs faubourgs qui ont besoin de missionnaires.

LXXXVII. — Il ne faut que du courage pour évangéliser des sauvages ; il faut de l'étude et un soin extraordinaire pour opérer des missions.

XIV

Ce que l'on appelle stérilité dans la vie ascétique se retrouve semblable dans l'évolution ecclésiale. L'Église est le macrocosme chrétien et se montre identique au microcosme ou fidèle.

Nous sommes dans une période de stérilité ; pour en sortir, un élan d'enthousiasme, un mouvement de fanatisme s'impose. La force du catholicisme consiste à permaner identique à lui-même, tandis que les autres institutions autour de lui se succèdent et meurent.

Mais la permanence n'est pas l'immobilité, car la vie synonymise mouvement : mouvement vers l'avenir, si la voie est bénéfique, mouvement qui se replie, si l'œuvre se présente périlleuse. La stagnation est la pire extrémité : elle conserve les mauvais germes du passé, sans les éprouver au courant présent. En perpétuelles concessions aux autres pouvoirs, drapée des seuls plis traditionnels, la papauté, incapable de renouveler son prestige, s'attarde dans une attente vaine d'un Constantin qui ne viendra pas encore et qui, lorsqu'il viendra, poussera les exigences jusqu'à ces confins où l'autorité spirituelle, domestiquée, tombe à une section administrative.

On définit la vertu une habitude du bien ; or, l'âme humaine individuelle ou collective a une tendance paresseuse à accepter le fait accompli, à continuer par détente les errements de la nécessité. Dans mon enseignement de la magie, je l'ai dit à mon disciple : Tant que tu supporteras le médiocre, homme ou chose, tu ne comprendras rien au divin et si tu arrives à ne plus souffrir de la laideur, à ne plus t'indigner, tu deviendras le collaborateur de ton temps. Le *vade retro* est la formule légitime de l'être qui repousse une infamante solidarité ; et cette formule est obligatoire pour le pape, car, étant donnée sa suprême magistrature morale, son silence équivaut à une connivence. Entre ne pas varier sur l'essentiel et accepter la mutation nécessaire de détail, il y a un abîme. La vérité emploie pour se manifester les moyens locaux et synchroniques. Le chevalier, si généreuse que fût son âme, qui s'entêterait à opposer sa lance de tournoi aux armes modernes serait vaincu, en son fol entêtement. Le catholicisme a vécu sur cette idée qu'aucune autre religion ne lui était comparable : aujourd'hui il faut qu'il cherche son salut dans l'étude des religions comparées. L'effort sera plus grand, la matière plus pénible exige plus de soins, mais il suffit que cela soit nécessaire pour qu'aucun n'hésite, et vainement, l'esprit de routine prétendra que c'est là, varier. Comme la prédication n'opère qu'en employant la langue même de l'auditoire, une religion ne se maintient virtuelle qu'en s'adaptant aux besoins actuels d'une race. Le miracle qui faisait l'édification de Pascal ne produirait aucun prosélytisme à côté des prestiges d'un fakir indien, et j'avoue que l'homme arrêtant un corbillard, et ressuscitant le cadavre m'intéresserait certes, mais sans que ma curiosité prît une forme disciplinaire.

L'an 1120, des manichéens furent condamnés à être noyés, mais on ne put, quelque poids dont on les alourdit, les submerger ; et, ajoute le narrateur Guibert, abbé de Nogent, comme ils étaient innoyables, on les brûla. Si nous lisions le même fait dans la *Vie des saints*, nous y verrions la main de Dieu soutenant ses élus, au-dessus du flot.

Beaucoup de peuples n'ont demandé que des miracles pour croire, et aucun miracle ne convertirait les peuples d'aujourd'hui. Cet exemple suffit à montrer que, sous peine de ne plus remplir son office, une religion doit correspondre à la conceptualité d'une époque. Les empires comme les sectes périssent par défaut d'identification avec les hommes et le temps : ce sont des entreprises l'une de police, l'autre d'idéalisation, mais toutes deux doivent apprendre à suivre l'évolution, s'ils n'ont pas été assez forts et lucides pour la préparer.

Il y a, en politique, et Léon XIII, l'a malheureusement transporté en religion, une chose qui s'appelle l'opportunisme, c'est la manière anarchique, voyant, jugeant au jour le jour et allant au plus pressé. Or, si le détenteur d'un pouvoir obéit à la seule nécessité du moment, il ressemble à celui qui, au lieu de construire rationnellement sa maison dresserait chaque soir une tente que le vent du matin devrait déchirer. Les principes sont les modérateurs de la volonté, en face du destin ; les règles au jeu tragique de la vie ; les bases de tout succès ; car, du moment qu'il y a phénomène, il y a science, et dès qu'il y a science, l'ignorance et l'étourderie sont légitimement vaincues. Pour l'Église, la principiation se présente claire et précise, puisque son office s'inspire d'*a priori* et qu'au lieu de se décider sur le fait, elle a toujours l'idée, comme rectrice. La responsabilité religieuse reste toujours la même, car la fonction spirituelle ne varie point, et dans tous les temps, dans tous les lieux, l'idéal s'appelle : purification de l'individu et sublimation des masses.

Libre aux égrégores d'employer tel moyen, pourvu que le résultat s'obtienne ; l'humanité a besoin de saints qui renoncent, de génies qui créent, et d'une diminution notable sur le fumier de l'instinct. Comme ensemble, il faut éviter la pourriture, et chez l'individu se garder de la médiocrité ; tout le reste n'est qu'une question de formes, et les formes sont transitoires.

Le point de vue le plus difficile à envisager est celui de la solidarité indéfinie.

Nous concevons que notre planète se relie à un système, ce système à d'autres, et qu'il y a des répercussions dans tout le cosmos ; mais nous concevons plus difficilement la solidarité spirituelle qui prend naissance dans ce que l'occulte appelle l'imperfection sérielle et que l'Église nomme le péché originel ; vaste réseau de causes secondes jetées sur l'humanité et l'enserrant comme les rets de Vulcain, sur le groupe adultère. À plus forte raison, il nous est difficile de concevoir les réversibilités du mérite et du démérite. Cependant, les grands penseurs portent le millésime de leur temps sur leur système, les nobles âmes ne disconviennent pas à la sensibilité de leur race, et tout fidèle participe à l'esprit de sa communion.

Voilà pourquoi le successeur de Léon XIII doit penser, selon un parallélisme permanent à la double nécessité du dogme à maintenir et du moyen d'expansion à renouveler.

Archidoxes du Quarto-Dénaire

LXXXVIII. — Une religion est un être collectif, concevant un idéal plus ou moins élevé, et le manifestant par des passions que cet idéal détermine à son image.

LXXXIX. — Le catholicisme a méconnu les communions, ses aînées, pour exalter le Mosaïsme. Les Pères, il est vrai, ignoraient les autres religions, mais maintenant qu'elles sont connues, le peuple de Dieu redevient un petit peuple avec une grande littérature sans métaphysique.

XC. — L'immutabilité est bien le caractère de l'Église, mais ce n'est pas varier que d'y revenir ; et le cours des événements opérant toujours des déviations, la barre religieuse doit sans cesse reprendre le cap sur le courant.

XCI. — Il n'y a point d'opportunité dans les matières éternelles ; et le souci du moment, si nécessaire aux voies humaines, apparaît la négation de l'ascèse divine.

XCII. — L'humanité a besoin de saints, de génies et d'ordre : La prière, l'œuvre et la police sont toutes la civilisation, mais encore faut-il que la prière soit fervente, l'œuvre idéale, et la police rationnelle.

XV

Quand on écrit sur la papauté, il faut se souvenir que Machiavel est Italien et qu'il a exprimé l'âme du patriciat romain. Ces maximes, du plus bas intérêt, sont encore latentes dans l'âme italienne, mais les conditions sociales ont tellement changé que les théories, profitables à l'époque des condottiere, ne valent plus, simples documents historiques. Conséquence de la centralisation moderne, le nombre des scélérats se restreint et il faut appartenir au gouvernement, pour conspirer.

Philosophiquement, Machiavel représente le cynisme plutôt que la perversité. Or, ce mot ne désigne vraiment que l'acte conscient contre la vérité, c'est-à-dire le péché irrémissible. Embarrassée dans les racines païennes, la primitive Église, ne pouvant pas les extirper, les a maudites, et comme elles conservèrent de la force, on individualisa cette force et on l'appela le diable. J'ai expliqué, à plusieurs reprises, dans *l'amphithéâtre des sciences mortes* ce qu'il faut entendre, sous l'épithète de démon, et je n'ai à m'occuper ici que des actes ecclésiaux concernant la sorcellerie. En accordant au mal une existence propre et un chef faisant parfois échec à Dieu, on a introduit dans l'Église un peu de la doctrine de Manès. La jurisprudence ecclésiastique, en matière de sorcellerie, est un monument de honte : le Saint-Office édictait l'emprisonnement perpétuel et même la mutilation ; il faut lire l'édit de la foi de Spranger pour se rendre compte de son identité avec la loi des suspects.

Nous empruntons au *serpent de la Genèse*, de Stanislas de Guaïta, quelques faits et quelques chiffres éloquents. « En quinze cent nonante six, Remiguis brûle neuf cents sorcières lorraines, l'évêque de Genève exécute cinq cents sorciers en trois mois ; Grillandus, inquisiteur à Arezzo, avoue mille sept cent soixante et dix victimes. Pierre de l'Ancre se vante d'avoir fait monter sur le bûcher six cents sorcières en trois mois ; de même, Boguet, à Saint-Claude. En outre, la sorcellerie a été un prétexte de la spoliation des Templiers et à tous les chefs chrétiens pour se débarrasser de leurs ennemis. Des crimes ont été commis, indéniables, mais la plupart de ceux que l'Église a condamnés, comme sorciers et sorcières, étaient des malades. La contagion nerveuse explique les endémies dites possessions, et je n'ai jamais vu que les crimes humains eussent besoin d'une autre explication que la malice humaine. L'anesthésie locale constituait une preuve convaincante de la possession, quoiqu'on eût pu étudier le phénomène chez des saints. Rien ne donne une idée des désastres causés par l'inquisition et ne montre plus clairement le devoir du pape d'intervenir, par une bulle nette et précise, en toute matière qui s'autorise de la foi. Pour être favorable à l'Église, j'emprunte ce qui suit aux instructions de la chambre apostolique publiés en 1657 :

« Le maléfice doit être prouvé d'abord ; les femmes ont toujours beaucoup d'aiguilles avec elles, il ne faut donc pas s'étonner si l'on en trouve beaucoup et en plusieurs endroits, parce que les possédées en rejettent souvent par la bouche et les autres voies. Beaucoup d'exorcistes sont assez imprudents pour interroger le démon ; le père du mensonge indique des innocents contre lesquels on procède aussitôt. Tout le monde sait que le démon peut, sans maléfice et par une permission divine, tourmenter le corps d'un homme.

« Que l'on emploie jamais la torture, avant d'avoir consulté la sacrée congrégation. Les juges ne doivent ordonner la répétition de la torture que dans les affaires difficiles. La torture ne doit point durer plus d'une heure. »

Voilà le document que les apologistes citent à la décharge de Rome ; il témoigne à la fois d'une barbarie et d'une ignorance épouvantable et révoltent le sentiment chrétien dans son essence. Si vraiment le diable a paru sur la scène du Moyen Âge, c'est sous la robe de tel juge et de tel prêtre qu'il faut le chercher. On voit que l'Église a reproduit, dans ses décisions, les erreurs d'époque et qu'elle a besoin, comme toute chose humaine, de perpétuelles réformes. Comment se fait-il que le diable ne se soit jamais présenté chez un métaphysicien ? et que ce soit toujours des illettrés qui tombent sous son empire. L'âme a des modes au sens le plus mondain du mot et les gens d'une époque affectent une commune façon de sentir, comme une de se vêtir. Aux temps très religieux, le crime lui-même emprunte des formes sacrées. Le malfaiteur du XVIe siècle, qui faisait un pacte avec le diable, est le même qui complote de nos jours dans un tapis franc, en face d'un flacon d'alcool. On peut remarquer que dévotion ou sacrilège, l'élément mystique surexcite au plus haut point les énergies nerveuses, et qu'un criminel d'éducation congréganiste est plus redoutable qu'un bandit laïque. Actuellement, l'Église observe la plus grande réserve, en face des phénomènes dits surnaturels, elle ne se risque pas aisément à approuver les apparitions de la Vierge, elle ne se risque plus du tout à exorciser. Mais il y a des pères Ventura qui attribuent le magnétisme au démon et qui rénoverait le Saint-Office, si le bras séculier permettait. N'est-ce pas effroyable de penser qu'il a fallu l'affaiblissement de la foi pour éteindre le bûcher du Saint-Office, et que si le clergé recouvrait son ancienne puissance, l'auteur de ce livre serait mis à la torture et brûlé en place de Grève ! au nom du Saint-Esprit.

Voilà pourquoi le successeur de Léon XIII devra ordonner aux prédicateurs de laisser leur seigneur le diable tranquille, de n'en plus parler, afin que s'éteigne dans la chrétienté cette hérésie orthodoxe qui disconvient à la foi, au véritable dogme et à la raison.

Archidoxes du Quinto-Dénaire

XCIII. — Ce qui est habile n'est jamais d'un effet continu ; car l'habileté s'inspirant d'un intérêt immédiat, il faudrait que les lois du monde fussent immorales pour que la ruse l'emportât sur la justice.

XCIV. — L'habileté est ce parti que la volonté tire du présent, dans un sens très prochain. Quand la chose prochaine s'appelle l'au-delà, être habile c'est se tromper.

XCV. — Il est bien extraordinaire que le diable, après avoir paru si longtemps en toute chose, se taise et ne se montre plus en rien : il semble que ses manifestations ont pris d'autres appellations.

Le XVIIIe siècle a vu encore de procès de sorcellerie et cent ans après, on les ignore. Les crimes ont-ils diminué ? Non, mais le déterminisme du crime a changé. Il faut donc prendre garde aux erreurs d'époque qui se greffent parasitairement sur les plus vraies doctrines et on verra que la notion de patrie a remplacé la notion du diable, pour l'explication d'inexplicables atrocités.

XVI

La volonté de lumière rencontre parfois un obstacle qui n'a qu'un nom, l'inopportunité. Il y a des saisons convenables pour les réformes, comme pour les émondages, les plantations et les greffes.

En vertu de l'axiome hermétique : « Ce qui est en haut est comme ce qui est en bas », on peut prendre analogie du monde physique pour le domaine métaphysique. Il y a un art de la volonté, c'est-à-dire un sens très exquis du *quand* et du *comment*, sans lequel les meilleures tentatives ne produisent que du désordre. L'occasion, la fugace déesse qui passe avec sa chevelure en une seule tresse dans le mythe ancien, figure ce confluent de propicité, où le vouloir se réalise comme s'épanouit une fleur précieuse dans le sol et l'exposition qui lui conviennent, il est inutile de promener un regard rétrospectif sur l'histoire religieuse, pour montrer ces assertions à l'état exemplaire et vivant. À quoi le moment religieux est-il propice aujourd'hui ?

Le peuple des villes s'éloigne de l'Église, les gens de haute culture comparent les religions récemment connues et nous sommes en présence d'une masse qui se déshabitue, et d'une élite qui réfléchit ; il faut des saints pour ramener le nombre, il faut simplement reconnaître les réclamations de l'humanisme pour garder l'élite. Il faut, en haut et en bas, élargir l'enseignement et, rétablissant, d'un côté, l'égalité chère à la masse, reconstituer une hiérarchie. Ce n'est plus la robe qui fait le moine, les individus doivent relever le prestige du clergé, et ne peuvent plus s'appuyer sur celui de leur fonction : et ce fait s'étend jusqu'à Rome. Jamais la papauté ne s'est trouvée aussi nettement sur la sellette et devant une attention plus éclairée, plus sincère, on peut dire, qu'en soi, la matière religieuse a conquis la préoccupation des lettrés, mais cela n'implique pas la foi. Cette mise à l'ordre du jour des matières sacrées a été opérée par des éléments négatifs ou neutres. Il semble, en face de la routine des pasteurs que, librement, la conscience intellectuelle s'est inquiétée devant les défaites de la foi. Le renouveau de l'Exégèse en France a été déterminé par Renan, et cela montre que l'homme, faisant sa volonté, collabore encore, malgré lui, au grand œuvre de l'humanité ; mais l'Église, en acceptant le secours imprévu qui lui vient, ne peut cependant pas s'en remettre de tous ses soins à la négation savante : au moins doit-elle utiliser les apports involontaires qui comblent ses lacunes.

Avant de préciser aucune règle de conduite, si nous demandions au vicaire de Jésus-Christ la définition de l'être humain, que nous répondrait-il ?

Sans doute, avec le catéchisme, que l'homme est une créature raisonnable, créée à l'image de Dieu et composée d'un corps et d'une âme. Il faudra reformer cette notion en disant : l'homme est cette créature faite à l'image de l'ombre des anges et triplement composée d'un corps, d'une âme et d'un esprit.

Que se propose la religion, en face de l'homme ? lui assurer l'évolution, c'est-à-dire développer son animisme et le faire prédominer sur l'instinct, et ensuite développer sa spiritualité et la faire prédominer sur son animisme.

Le pape a donc une mission sentimentale qui consiste à créer, dans la créature, l'amour du Créateur avec réversibilité sur le prochain et ensuite à diriger l'esprit vers sa cause, le pape est donc recteur des mœurs, et recteur des pensées de l'homme collectif. Et l'homme est le résumé du monde, il obéit, comme lui, à trois normes qui correspondent à trois formes du pouvoir : providence ou théocratie, ou spiritualité ; volonté ou république ou animisme et destin ou monarchie et instinctivité. Faire prédominer aveuglément un des trois termes ne réalisera jamais l'harmonie, et l'Église doit faire trois parts de son mouvement et de sa puissance. Elle a été au début républicaine et animique ; aujourd'hui elle épuise les derniers ferments monarchiques, il faudrait que, demain, la Providence devînt la clé haute de ces consonances.

J'entends par Providence cette loi simple en elle-même qui assimile un pays, une race, une communion entière à la règle morale de l'individu. Or, la morale a peu différé à travers les époques, puisqu'elle est l'expression de l'ordre nécessaire. Les collectifs l'ont faussé, non pas les personnes ; le vol, l'homicide, l'adultère ont été réputés crime partout, mais les pouvoirs et les religions ont consacré le meurtre sous forme de guerre, le vol sous forme de conquête, et l'adultère sous forme de viol des vaincus. Tous les peuples sont égaux en abomination à l'ignoble peuple de Dieu. Il semble que plus les hommes ont été fortement groupés en sociétés, plus leur entendement s'est faussé, se flattant d'acclimater l'ordre dans le mal. En exportant leurs vices, ils n'exportaient que les actes les plus grossiers, et les âmes qui avaient conçu ces actes étaient, malgré leur sophisme, des foyers iniques. Voilà pourquoi le successeur de Léon XIII n'aura rien fait pour l'Église tant qu'il n'aura pas établi que la morale n'a pas de frontières et ne se borne pas à l'Occident, qu'il faut rester humain, même étant chrétien et que les degrés de latitude ne valent pas comme des licences ou des exemptions de justice.

Quels que soient les embarras du moment, il est des proférations qui sont d'éternelle actualité : la force n'est pas un droit, la réaction est toujours proportionnelle à l'action, le mérite et le démérite s'attachent au devenir d'un peuple comme à celui d'un individu et la baïonnette de la guerre injuste et le protocole du diplomate national, sont homologables au couteau du bandit et à l'écriture du faussaire. C'est l'office de la Cité de garder la justice entre les citoyens, c'est l'office du pape de maintenir la justice entre les cités. La conscience humaine réclame de la religion, que les règles du salut pour chacun soient étendues à tous, de l'individu à la cité, de la cité au pays, du pays à l'univers.

Archidoxes du Sexto-Dénaire

XCVI. — Une époque a tel besoin plus immédiat auquel il faut satisfaire devant toute chose. Or, si la piété des actes a diminué, la conception religieuse s'est épurée.

L'Église doit donc obéir à l'opinion qui la sollicite, et se revêtir selon le caractère où elle opérera le mieux son magistère.

XCVII. — Le catholicisme n'a aucune comparaison à redouter comme doctrine ; mais, comme discipline, elle pratique des usages mesquins ou surannés, entachés de césarisme, et qui créent la suspicion parmi les hésitants. Ils sont légion, ceux que des détails seulement éloignent de la vérité.

XCVIII. — Il faudrait opérer prochainement une hiérarchie dans l'Église ; et comme la sainteté est intérieure et cachée, on ne pourra la baser que sur le mérite manifeste.

XCIX. — Il y a une diathèse pour les collectivités comme pour les individus ; et celle de l'Église actuelle sert de titre à un ouvrage célèbre : *De l'indifférence en matière de religion* pour les fidèles ; et dont le second tome s'intitulerait bien de l'*indifférence en matière de civilisation pour les clercs.*

XVII

L'idée déterminant les actes moraux et sociaux lèse toujours des intérêts, contrarie des passions et surtout, l'idée chrétienne s'opposant au libre essor des instincts, intervient dans tous les conflits. La religion a donc pour ennemis ceux-mêmes qu'elle réprouve, et aussi ceux qu'elle lèse par son ancienne acceptation de l'héritage césarien. En sa *Mission des souverains*, le marquis de Saint-Yves montre comment le curé et la cure sont sortis de la curie et du curateur, l'évêque du surveillant diocésain ou épiscope. L'emprunt d'un cadre hiérarchique ne vaudrait pas de blâme, si l'esprit impérial n'avait été continué sous ces formes. Pendant le Moyen Âge et la Renaissance, Rome a des ennemis légitimes qui défendent leur temporel, de l'envahissement ecclésial. La papauté, puissance politique, devient ridicule et odieuse en lançant à la fois des bombes et des anathèmes. Lorsque la ville de Bologne chasse le légat du pape et que Benoît XII ordonne aux professeurs et aux étudiants d'abandonner l'Université sous peine d'excommunication, on ne sait si l'on doit rire ou s'indigner.

Chaque fois que les papes ont été molestés comme souverains de Rome, ils ne relevaient que de la commune justice et ne pouvaient pas employer dans le combat les foudres spirituelles. Également, chaque fois que les papes ont emprunté le bras séculier pour défendre l'orthodoxie et qu'ils ont missionné des bourreaux et des armées, ils ont agi en musulmans et non pas en chrétiens. Le vicaire de Jésus-Christ a retrouvé sa dignité le 1ᵉʳ janvier 1871 par la loi dite des garanties, garanties illusoires, mais qui opéraient la papauté d'un chancre mortel. Aujourd'hui, Léon XIII n'offre plus de surface aux hostilités. Dépouillé, il ne sollicite plus l'avidité italienne et, cependant, tout allégé qu'il est, il dépasse en concessions les plus pusillanimes de ses prédécesseurs. Au lieu de présenter au pouvoir laïque l'attitude irréductible de celui qui n'a rien à perdre, il temporise et concessionne aveuglément, sans même, selon l'usage diplomatique, réclamer quelques avantages pour tant de condescendance.

Léon XIII ne reconnaît plus comme valables les armes traditionnelles du pontife, il ne tient pas même compte de l'excommunication majeure. La présence de M. Poubelle, agrée comme ambassadeur, le prouve.

Tout souverain est colonel honoraire d'un régiment étranger dans la plupart des États, et le roi de France étant chanoine de Latran, Faure le franc-maçon a reçu de Léon XIII ce canonicat honorifique. Je m'étonne qu'en veine de platitude, Sa Sainteté n'ait pas rétabli un chapitre de chanoinesses pour les faire présider par la fille de France, la célèbre Havraise, la commentatrice inédite de saint Denys l'aréopagiste, « sainte Lucie », comme l'appelle son entourage.

« Sois attentif à l'accomplissement des œuvres, jamais à leurs fruits ; ne fais pas l'œuvre pour le fruit qu'elle procure, mais ne cherche pas à éviter l'œuvre.

« Constant dans l'union mystique, accomplis l'œuvre et chasse le désir ; sois égal aux succès et aux revers : l'union, c'est l'égalité d'âme.

« L'homme qui reste uni à la raison se dégage ici-bas et des bonnes et des mauvaises œuvres. »

Telle était la pensée de Krisnah, bien avant Jésus-Christ, et telle doit être celle d'un pape. Les horribles violences de l'Ancien Testament, ce perpétuel cri de vengeance que pousse l'israélite contre ses ennemis ont infiltré dans le catholicisme une barbarie singulière, et les fautes de traduction venant ajouter à l'horreur du texte, on a eu un Dieu des armées hostile à tout l'univers, propice aux seuls Hébreux.

Il va falloir déterger la religion de son mosaïsme et alors le pape reconnaîtra qu'il n'a pas d'ennemis, mais seulement diverses sortes de pécheurs. Le combat contre l'erreur qu'il est, sans cesse, obligé de livrer n'a pas besoin d'autres armes que l'écriture, la parole et le martyre.

La première condition de la prêtrise est l'acceptation de mourir pour la foi, et si le pape et les cardinaux ne conçoivent pas que leur sang appartient à la justification de l'Église, ils ne sont plus que les gens d'un métier supérieur ; ils tombent bien au-dessous du militaire qui, sans la perspective de l'élection paradisiaque, accepte l'éventualité de périr ou d'être mutilé, sans même savoir pourquoi. L'acceptation du militarisme s'explique par le phénomène de la contagion exemplaire : si le soldat pensait que l'officier ou le général fussent lâches, il le deviendrait lui-même. Tant que le pape aura sa garde qui, à l'éventualité, ne le garderait point, il ne peut proposer l'excellence de la mort, pour la foi.

Nul n'a vu en quoi consiste la papauté, c'est-à-dire le fait d'un homme devenu abstrait, de l'*homme-idée*.

Le pape n'a qu'un adversaire : la contingence. Chaque fois qu'il pense et qu'il veut autrement que Jésus a pensé et voulu, c'est-à-dire qu'il pactise avec un lieu, une race ou lui-même, il s'égare. Réverbérateur de la Norme, il doit opposer perpétuellement la charité aux passions, et l'idée au fait. Ces décisions, pour avoir toute leur force, doivent être des équations d'éternité ; qu'on l'écoute ou non, pourvu qu'il profère, il a satisfait à sa mission, car les paroles attendent quelquefois longtemps leur écho, mais si elles consonnent à la divine Providence, l'avenir toujours les réalise.

Le mérite est égal de subir la mauvaise fortune ou de bien user de la bonne.

Le pape perçoit Dieu à travers les phénomènes et les êtres et transmet cette perception à son troupeau, sous une forme enthousiaste.

Tout le reste de l'humanité envisage le moment et agit temporellement ; le vicaire de Jésus-Christ se considère comme un terme toujours présent, tandis que le passé s'écoule et s'oublie, et que l'avenir se profile et s'éclaire ; les autres deviennent, involuent et évoluent, il EST comme Dieu même, qu'il représente.

Archidoxes du Septo-Dénaire

C. — Le pouvoir temporel, cette colossale erreur, empêche de voir historiquement quels furent les ennemis du pape, quels autres, les ennemis du roi de Rome.

CI. — Si l'excommunication majeure n'interdit pas l'entrée familière au Vatican, on peut se demander ce que valent les foudres de l'Église : or, M. Poubelle ayant été agréé comme ambassadeur de France par la curie romaine, il appert que le pape ne croit plus aux canons disciplinaires.

CII. — L'erreur est une opposition passionnelle et non théorique : il faut conjurer des individualités plutôt que défendre des concepts en apologétique.

CIII. — La vue de l'historien a un caractère panoramique bien différent de celle des acteurs, dans un évènement : et cela suffit pour que le jugement porté soit injuste.

CIV. — La compétence se définit : la plus parfaite conscience de soi et d'un objet. Le pape doit se connaître et connaître la charité : le reste viendra par surcroît, mais la plupart des pontifes ne se sont pas connus et ont mal vu leur objet.

XVIII

En cette magistrature intellectuelle de commandeur des esprits, son grand office, le pape doit réformer, selon l'humanisme et la charité, les notions essentielles à la vie morale.

La gloire est une sorte de culte rendu à des mortels excellents : reconnaissance d'un mérite individuel, par le collectif.

Ici, les antinomies se dressent avec une particulière acuité, la définition donnée est dualiste, sans aucune teinte de moralité. L'homme collectif, comme l'individuel, n'aime et n'honore jamais, dans les autres, que leur similitude avec lui, et l'incarnateur d'une passion générale connaîtra la gloire, sans aucune sanction philosophique.

L'Église a instauré la gloire morale, celle des saints, l'humanisme a proclamé la gloire des œuvres, celle des génies ; mais voici le Corse hideux surgissant de la pyramide de quinze millions de cadavres qui forment son piédestal. Que pense l'Église de la gloire napoléonienne ?

L'humanisme a, depuis toujours, répondu que le Bonaparte était un cyclone prodigieux, une force néfaste analogue à la peste, mais à forme humaine. Pour les nigauds, Bonaparte a rouvert les églises alors fermées, il a rétabli le culte catholique dans sa splendeur ; pour l'historien, il a conquis son sacre à coups d'éperon dans la soutane du pape ; pour le chef spirituel de la race où il a paru, cet homme, plus désastreux que tous les phénomènes de la nature, qui a traité la religion comme un instrument gouvernemental, la domestiquant en caporal qu'il était, cet homme qui a fait couler des fleuves de larmes et de sang, qu'est-il, devant l'Agneau de Dieu ? Rapprochez la croix du calvaire de la colonne Vendôme, et si l'un est Dieu, parce qu'il est mort d'amour pour l'humanité, que sera l'autre qui ne pouvait vivre que de la mort de l'humanité. Il n'y a pas à chercher de tempérament, cette confrontation ne permet pas qu'on élude : si Jésus est Dieu, s'il en a fait les œuvres, l'autre est la négation de Dieu et de ses œuvres. Volonté, audace, talent d'administration, magnétisme, envoûtement, toutes ces forces, employées injustement ne méritent pas la gloire, et dès lors, une fois le carnivore dégringolé de sa colonne, qu'allons-nous faire des louveteaux de ce loup, de cette clique de généraux maréchaux, de sous-assassins. Pas plus que le chef, ces bandits-là n'ont tué et volé à leur compte, ils ont violé seulement à leur profit ; pour le reste, ces hommes aimaient la gloire, et depuis dix-huit siècles, il y a des papes, et depuis dix-huit siècles, ces papes ont laissé leurs ouailles s'empoisonner de cette idée, que l'assassinat était glorieux dès qu'il était commis par beaucoup, sur beaucoup. Que dire, quand se présente un cas pareil d'inconscience ? Que dire, quand on songe à tous les *Te Deum* qu'on a chantés au lendemain des massacres ? C'est ici que l'humanisme se dresse en face de l'Église et l'affronte des plus durs reproches. Par les voix les plus éloquentes, la force a été magnifiée sans aucun souci de la justice, et l'adoration de la force étant un instinct barbare, ce n'est pas la peine de s'embarrasser d'une religion, si son enseignement ramène à la brutalité primitive. Jamais l'Église n'a dit au guerrier triomphant : « Fais pénitence, car ton triomphe est injuste » ; Léon XIII a autorisé ses prêtres à revêtir le costume de l'assassin national et à se préparer à l'assassinat. Je ne désespère pas de voir un prêtre descendre du bastion, les mains noires de poudre ou rouges de sang pour consacrer la divine hostie ; mais je me demande quel chrétien, de lui, la recevrait. Ah ! je sais le prestige du triomphe brutal et la magie qui s'élève des charniers et le double instinct humain, le sexuel, et l'homicide ; mais s'il s'agit de pactiser avec les vices de l'homme, la religion ne serait qu'une hypocrisie sur de la corruption.

J'ai donné deux définitions de la gloire :

« La gloire, c'est la volonté d'un homme épousant la lumière et lui donnant un fils, c'est-à-dire une œuvre.

« La vraie gloire est celle consentie de tout l'univers, ayant un motif abstrait indépendant de tout lieu et de toute passion. »

L'Église n'a qu'un criterium infaillible, la charité ; or, devant la charité, y a-t-il une gloire militaire, lorsque la justice est violée ? Une race est menacée, dans son indépendance, la guerre sera légitime ; mais on décerne les lauriers indistinctement à ceux qui triomphent, même si le mal triomphe en eux.

Les grands hommes d'État sont ceux qui favorisent leur pays au détriment des autres nations, et nous retombons à l'exposition précédente, que la sanction morale imposée à l'individu n'a jamais pesé sur la société ; des papes ont protesté contre les empiètements qui les atteignaient : on ne voit pas qu'ils aient précédé l'humanisme aux œuvres d'humanité. L'abolition de l'esclavage ne leur doit, ce semble, aucun concours.

Maintenant, si nous abordions la gloire papale, si nous recherchions ce qui mérite l'admiration séculaire des fidèles chez un pontife, ce ne sera pas d'avoir plus ou moins âprement défendu le pouvoir temporel, mais de s'être opposé à tous les abus de la force et d'avoir devancé tout l'univers, dans les offices de la charité. Chaque fois que le fort et le faible sont en présence, le bâton pastoral doit séparer les épées, chaque fois qu'il y a conflit, le bâton pastoral doit indiquer le camp que la Providence reconnaît. Assez longtemps, le vicaire de Jésus-Christ s'est considéré comme un roi temporel, ne devant pas trahir la cause de ses cousins. Heureusement, la folie italienne a débarrassé l'Église de son lest territorial. Qu'il demeure au Vatican ou qu'il abandonne la ville éternelle, le pape a été rendu à sa destination par ses ennemis mêmes. Que le successeur de Léon XIII efface toutes les traces monarchiques de sa fonction, qu'il se contente d'être la visibilité du Christ, et quand il n'aura plus de grenadiers dans ses corridors, des anges invisibles le garderont plus sûrement, à moins qu'il ne mérite la suprême palme d'un pontife : celle du martyre.

Archidoxes de l'Octo-Dénaire

CV. — L'Occident manque d'un amphictyonat, c'est-à-dire d'un tribunal international, dont la présidence reviendrait de droit au pape, sauf à Léon XIII, parce qu'il est un vulgaire patriote italien.

CVI. — Si l'Église voulait s'agréger la notable puissance de l'humanisme, elle répudierait l'idée de patrie et lui refuserait sa sanction.

Mais, cette conduite mécontenterait les cabinets et le Vicaire d'en haut ne s'y hasardera pas.

CVII. — Si dérisoire que soit le présent, la pensée a toujours un refuge, le passé, et un motif d'effort, l'avenir.

L'Église est une cathédrale indéfinie, où il y a toujours place pour l'ouvrier de lumière : voilà pourquoi c'est la seule entreprise qui mérite du dévouement.

Hors d'elle, il faut laisser tout pourrir.

XIX

Comment opérer en ce monde le règne de la justice ?

À cette question, le scepticisme général sourira. Un idéal se réalise d'une façon accidentelle et restreinte.

Cependant, bonnes ou mauvaises, toute société a des lois, et quoiqu'elles ne représentent pas l'abstraite justice, elles constituent un ordre moral.

Nous avons demandé d'abord une réforme de l'enseignement chrétien ; le même joug moral appliqué à l'individu, il faut l'étendre sur la cité et sur la nation : nous demanderons maintenant que le même joug qui pèsera sur la nation soit étendu à toutes les nations, qu'il y ait un droit international consenti et soutenu par l'assentiment des puissances.

Les successeurs de ceux qui élaborèrent le traité de Westphalie n'admettraient pas cette conception si simple, la seule qui puisse ordonnancer ce monde et dont la Grèce a possédé un type remarquable dans l'Amphictyonat.

Au printemps, à Delphes ; à l'automne, à Anthéla, près des Thermopyles, les députés de tous les États de la Grèce se réunissaient pour prévenir les guerres, juger les questions du droit des gens, et si la nation condamnée n'obéissait pas aux sentences amphictyoniques, les épées de la confédération se tournaient contre elle.

Henri IV et Élisabeth d'Angleterre avaient conçu l'idée d'un amphictyonat occidental : seules, les passions les plus inavouables s'insurgèrent contre un si sublime projet. L'être raisonnable, se basant sur le plus scientifique des critériums, l'expérience, conclura que la même entreprise qui, de la justice de paix aux assises, tranche tous les conflits survenus entre les citoyens d'un même pays, peut exister entre les divers pays d'un continent. L'Europe présente une unité relative dans les mœurs. Des Pyrénées aux Carpates, du Volga au Rhône et des Fjords au Bosphore, les mêmes idées générales circulent et l'instinct populaire serait unanime. Voyons quels obstacles s'opposent à un si grand bien. D'abord toutes les puissances coloniales renonceraient-elles aux illusoires avantages de la conquête en Orient ? Ensuite, il faudrait éteindre, par un enseignement renouvelé, l'idée de gloire nationale, et enfin briser cette statue de Moloch nommée patrie, et qui, semblable à l'idole phénicienne, dévore incessamment et des millions de vie et des millions d'activité.

C'est peu de chose que la moralité d'un État moderne ! L'engrenage de vanité et d'avidité qui commence au fonctionnaire et aboutit au monopole, fait, de chaque patriote, un irréconciliable ennemi du genre humain. Le but avoué des plus désastreuses expéditions a été quelque entreprise industrielle et commerciale. Des balles de coton ou les profits d'une épicerie barrent la route à la civilisation véritable.

Le devoir politique du pape réside donc à enseigner la nécessité de la justice entre les peuples et de les amener à l'exécution du plan amphyctionique.

Je ne crois pas qu'on y aboutisse jamais, mais l'Église a d'autres soins que celui de réussir, son rôle réside à entreprendre les menées sublimes, sans aucun souci de leur impossibilité. Société des hommes justes et synthèse des idées rationnelles, elle doit être au moins le musée vivant des harmonies humaines et divines, ou plus littéralement le conservatoire des idéalités. Les peuples évoluent séparément, les races se succèdent et telle notion, inassimilable à un vieux peuple, s'involuera chez une jeune nation ; au moment de crise, le péril avivant la clairvoyance, une société essaye parfois de la justice. Il faut alors que l'Église soit prête à conduire ses nouveaux fils et que la théocratie ait gardé en bon état les concepts vitaux. En cet ordre d'idées, la mission pontificale s'éclaire et se hausse sur le legs historique. On pourra nous trouver ingénu, mais honneur impossible à contester, et cela nous suffit pour mérite, c'est de concevoir pour le vicaire de Jésus-Christ un idéal aussi impérieux que celui d'Hildebrand et purifié de toute temporalité.

L'humanité, envisagée organiquement, doit être conduite à la santé et à la beauté ; animiquement, il faut la cultiver selon la charité ; intellectuellement, l'exhausser jusqu'à la subtilité qui, percevant tous les rapports d'un concept, atteint l'abstrait. Cette triple évolution constitue la civilisation même.

Quand les anges descendirent saluer leur Dieu devenu homme par amour pour la créature, ils bénirent cette terre d'une parole simple et qui, cependant, contient toute la théorie du salut : *Paix sur la terre aux hommes de bonne volonté !* On a compris communément qu'il s'agissait des ingénus, du *pur-fou* de la *Table-Ronde*, aussi est-il bien de définir ceux que la voix céleste a désignés comme les aimés de Dieu.

La volonté du bien consiste dans une charité supérieure qui s'applique aux idées et non plus aux personnes ; c'est la recherche du logos en toute matière d'opinion ; c'est la défense du logos en toute circonstance de conflit ; c'est la préférence du logos en toute matière d'option ; c'est la permanence du logos au milieu des passions et des intérêts c'est l'identité du vicaire de Jésus-Christ, avec Jésus-Christ lui-même.

Archidoxes du Non-Dénaire

CVIII. — Société des hommes justes et synthèse des idées justes, l'Église doit moins s'impatienter de ne pas fournir toujours d'éclatantes carrières que d'être prête à enseigner et à purifier ceux qui viendront.

CIX. — En déclarant l'Église nécessaire à la civilisation, on paraît tenir un propos de fidèle, et c'est une proposition de pensée pure.

CX. — Le fidèle propose, c'est son droit, l'Église dédaigne ou condamne, c'est également son droit ; entre la témérité prométhéenne et la marche régulière de Zeus, il y a l'insondable bon plaisir du Saint-Esprit.

LE TERNAIRE DU
SAINT-ESPRIT

XX. L'ŒUVRE DU PÈRE

Les trois entéléchies théologiques correspondent, selon les mystiques, avec trois grands cycles de l'humanité. Dans cet ordre d'idées, l'histoire antérieure à Jésus relève de Dieu le Père, l'hégémonie du fils commence à la Rédemption et finirait à l'an deux mille. Alors s'ouvrirait le règne du Saint-Esprit, accomplissement de deux autres manifestations.

Le Saint-Esprit se nommerait bien le confluent de l'amour et de la compréhension : le sentiment de saint François aboutissant à la subtilité même, et la pensée d'un Platon ne s'accomplissant que par un épanouissement de charité.

La plus grande différence présentée par l'histoire moderne considérée avec l'ancienne, se marque dans la sensibilité. Jésus a doté le cœur de l'homme d'une tendresse et d'une pitié jusque-là ignorées.

Comment se manifestera l'Esprit-Saint et même se manifestera-t-il dans le sens commun du mot ? Il suffit qu'il soit connu des chefs religieux, la foule des fidèles ne le comprendrait pas en son essence, tandis qu'elle l'adorera dans ses effets. Si l'on voulait retrouver les règnes entéléchiques dans l'histoire de l'Église, on trouverait que l'œuvre de Dieu le Père a son apogée dans Grégoire VII ; l'œuvre de Dieu le fils finissant avec Pie IX ; et Léon XIII apparaît une sorte de tâtonnement et d'interrègne, avant le rayonnement de l'Esprit.

« Je vis, dit saint Jean, un nouveau ciel et une nouvelle terre et je vis descendu du ciel la ville sainte, la nouvelle Jérusalem qui venait de Dieu, parée comme une épouse pour son époux. » Sans évoquer les espoirs déçus et renaissants à chaque période, cette vision représente plus qu'une promesse, une réalisation imprévue et une explication de l'originel péché. À l'office du samedi saint, on chante une prose vraiment singulière. « *o certe necessarium Adœ peccatum, quod Christi morte deletum est !* » L'idée du péché fatal, inéluctable, contredit à tout l'enseignement exotérique ; il ne satisfait que certains esprits, mais ceux-là seront les ouvriers du grand labeur, ils opéreront le concordat si longtemps différé entre la révélation et le raisonnement. Ils démontreront définitivement les vérités essentielles, en rapprochant, jusqu'à les unifier, le point d'humanité et le point de divinité ; et lors, des hommes vraiment conscients se voueront à Dieu, non pas entraînés par une passion plus pure que les autres, mais conquis par une évidence métaphysique, sans nuage.

Il n'y a rien dans l'esprit de l'homme qui ne corresponde à une réalité spirituelle. Le savant constate, le poète devine, le mystique est illuminé, mais aucun concept n'a pu naître du cerveau où il s'est produit. Il existe, à la disposition de l'intelligence et de la foi, une énorme réserve de force, dépendante des puissances verbales ; et la thaumaturgie n'est qu'une des inférieures manifestations de la possibilité.

Moins un être obéit à la nécessité de son espèce, plus il devient capable d'extraordinaire. Les grandes mortifications de la vie des saints, les énormes travaux de la vie des génies contiennent la raison de leur force, et si la charité est conçue dans son double mouvement d'aspiration vers Dieu et d'expansion sur le prochain, elle ouvre une voix indéfinie aux prodiges et aux réalisations inespérées.

Supposez la dépersonnalisation d'un être lucide, dans la recherche du bien le plus général et vous aurez la désillusion de la papauté. Il faut que le pontife, délié du lieu, du sang et de toute affectivité, se considère comme le miroir où convergent les rayons de la lumière incréée et ensuite comme le projecteur de ces mêmes rayons sur l'humanité. Ainsi conçue, sa fonction ne laisse rien à l'erreur ; il n'a pas à s'informer de ce qui est propice, mais seulement de ce qui est idéal ; tandis que le podestat, n'ayant qu'une raison d'État au lieu de la raison divine, ne trouve la règle de sa conduite que par la prudence usuelle. Semblable au poète qui écrit ses vers dans la seule conformité de son rêve, le pontife est ce divin Orphée qui continue à tenir l'accord éternel au milieu des discordances humaines. — Dieu le Père donne l'être, c'est-à-dire qu'il crée ce que le Fils rachètera, pour être sanctifié par l'Esprit ; il est donc l'initiateur et le préopinant en toute matière ; c'est lui qui donne le plan et la trame ; il est celui qui conçoit. Le Zeus antique figure un de ses côtés, celui de l'ordre à tout prix et quand même, de la hiérarchie nécessaire et de la durée. Platon, en proposant ses lois, disait qu'il fallait obtenir la sanction de l'oracle de Delphes. Les vérités ne sont vraiment actives que si elles se produisent d'une façon harmonique, et surviendrait-il un nouveau saint Thomas, supérieur au premier, il aurait besoin de la sanction de l'oracle de Rome.

Ce qui rend ce livre d'une extrême difficulté d'expressions, c'est la supposition que l'Église voudra bien se réformer elle-même et convenir un jour de ses torts tels que l'histoire et la raison les affirment. Au domaine scientifique, les découvertes se greffent les unes aux autres, enrichissant, sans cesse, d'une nouvelle frondaison, l'arbre de la connaissance ; tandis que, en matière de foi, le réformateur reste en suspicion jusqu'à ce que l'Église ait approuvé ses maximes, en se les appliquant.

Supposons une reflorescence de grands esprits et tous les pères de l'Église primitive réapparaissant au XXe siècle : leur unanimité ne suffirait pas à produire la lumière, il faudrait encore que l'être intermédiaire entre le divin et l'humain proférât leur parole pour la rendre virtuelle. Qui pénètre la nature de l'Église verra une conversion à faire : celle du pape ; mais cette unique conversion ne sera produite que par le sentiment général des chrétiens, et ce livre commence le remuement de la chose catholique jusqu'à ce que la vieille vase puisse être extraite des fonts véridiques. Il y a une connexité entre la conception juive de Dieu et la réalisation impériale de la papauté. Le législateur des Hébreux, pour grand qu'il soit, n'a pas osé violenter l'instinct de son peuple, et lui a proportionné la vérité à sa mesure ; et les papes, depuis Grégoire II, ont cru la royauté, le vrai mode d'existence pontificale. Les événements hostiles sont venus montrer que le pontife a d'autant plus d'autorité qu'il a moins de pouvoir et que son prestige dépend de sa différenciation en face des autres puissances et non de sa ressemblance avec elles.

Dans les fautes d'un grand homme, il y a toujours une part qui est celle du temps, surtout dans la personne d'un chef religieux qui matérialise la notion générale de son troupeau. Espérons que, très prochainement, des *Te Deum* seront chantés pour célébrer l'anniversaire de l'heureuse perte du pouvoir temporel ; espérons d'autres *Te Deum*, pour célébrer la sortie d'Égypte, c'est-à-dire le départ de Rome.

Ubi Petrus, ibi Ecclesia.

XXI. L'ŒUVRE DU FILS

L'humanité s'est toujours appuyée sur une parole brève ou une figure rendue talismanique par l'accumulation nerveuse qu'elle condensait, afin d'obtenir l'appui des ancêtres. Toujours a été choisi un symbole expressif de l'aide des dieux ou de Dieu.

Les expressions hiératiques se résument à exprimer la descente, la visite des dieux dans le Temple. Régulariser la réponse d'en haut à l'objurgation terrestre, c'est toute l'œuvre des religions. Ni les exploits de Ram, ni l'enseignement d'Oannès, ni le génie de Moïse, ni le suicide d'Odin, ni la loi de Manou, ni la métaphysique de Krysnah, ni la pneumatique de Zarathoustra, ni la raison de Confucius, ni la logique de Socrate n'ont aucun rapport avec Jésus. Avant lui, il y eut des esprits immenses, de beaux cœurs, de grands courages : il fut l'Hostie, il fut l'Agneau de Dieu. Il ne toucha à rien qu'au cœur de l'homme, et il n'y toucha que par son cœur divin. Il ne froissa pas le rouleau de la sagesse antique, il couronna le Verbe du Passé, sans le raturer. Avant lui, les hommes avaient été prêchés, purifiés, conduits : il les sauva. L'holocauste volontaire est toute la Rédemption. Dieu venu, c'était infiniment inespéré, mais il fallait que Dieu restât et Dieu est resté. *Et verbum caro factum est* ; et l'Eucharistie multiplie, tous les jours, l'acte incomparable du Calvaire.

Quelque soit le point de vue, l'Eucharistie est le chef-d'œuvre des religions, et, chrétiennement parlant, l'Eucharistie est toute la religion. Le fatras de l'Ancien Testament, le défilé des patriarches, Moïse même et son Décalogue ne sont que des gangues autour de ce rubis incomparable du Calvaire, commémoré, continué dans la présence réelle et dans la communion.

La sainte Cène sépare l'histoire du monde en deux parties ; en deçà, on pouvait espérer et créer ; au-delà, il n'y a rien. La perfection est à ce point réalisée, que la science, qui enregistre presque autant de cultes que de races et de civilisations, forcée de voir l'insuffisance de ses règles, accorde au christianisme le caractère définitif de la dernière religion occidentale.

Pour accomplir l'œuvre du Fils, le pontife doit se considérer comme l'holocauste perpétuellement offert à l'effacement des péchés du monde, et, par conséquent, laisser un libre accès à l'ange qui apporte la palme du martyre.

Nos mœurs actuelles répugnent aux anciennes violences ; mais les épreuves, pour avoir pris une forme moins tragique, n'en restent pas moins terribles, puisque Léon XIII cède à chaque instant une part de son autorité spirituelle à la moindre pression, non pas d'une armée, mais d'un petit monsieur sans conséquence, représentant un État sans religion. Dans toutes les circonstances où Jésus répond à la puissance politique, il n'y a jamais ni habileté, ni équivoque : « Qui cherchez-vous ? demande-t-il aux sbires. « Jésus de Nazareth, c'est moi. » Quand Léon XIII passe la revue de sa garde ridicule, qu'il se répète ces paroles du Divin Maître : « Pensez-vous donc que je n'aie point de crédit auprès de mon Père, et qu'il ne m'enverrait pas plus de douze légions d'anges ; mais si je demandais ce secours, je ne boirais pas le calice que mon Père m'a donné à boire, et les Écritures ne seraient pas accomplies. »

À l'interrogation du grand prêtre, Jésus répond qu'il a enseigné publiquement et jamais en secret ; il s'en rapporte au témoignage de ceux qui l'ont entendu.

Son vicaire actuel enveloppe de banales pensées dans une filandreuse expression, et il peut toujours nier d'avoir dit quoi que ce soit ; car, en fait, il n'emploie que les lieux communs religieux, absolument analogues aux lieux communs de rhétorique.

Pilate est une singulière figure, moins sectaire que les grands prêtres, méprisant les Juifs, esprit cultivé, préférant la justice sans l'aimer absolument, il eût sauvé Jésus s'il n'avait craint pour sa place. L'homme, en lui, est moins coupable que le fonctionnaire, et, chose étrange, il représente exactement l'âme papale moyenne. Beaucoup de pontifes éclairés, préférant le bien de l'Église sans le vouloir absolument, se sont lavés les mains de l'intégrité du dogme.

Léon XIII souffre des concessions qu'il a faites, mais, en lui, le fonctionnaire a déteint sur l'homme et il a cédé, et il cédera encore, et Barrabas continuera à triompher.

Bien à tort, on se figure que le climat et le costume changent l'âme : l'homme moral reste le même, drapé ou vêtu, et les conditions de la naissance du christianisme sont aussi les conditions de sa durée. Comment a-t-on pu interpréter si diversement une énonciation d'une limpidité pareille : la passion du prochain, l'amour rayonnant sans choix et sans idée de récupération, la charité qui se définit : la surnaturalité du cœur. Quelle est l'œuvre du Père, sinon le Fils ? Aimer l'humanité : rien de plus, et si ce seul point se réalisait, le pontife attirerait à lui toutes les âmes, comme un divin aimant. Les religions anciennes promettaient le succès immédiat à leurs sectateurs, et, dans la conception israélite, le peuple de Dieu ne cesse sa félicité qu'en cessant sa fidélité. L'enseignement de Jésus, au contraire, considère le juste comme holocauste qui doit rédempter le méchant ; souffrir est une élection et une dignité, car le fondateur a opéré la souffrance sur lui-même, pour la rendre aimable et exemplaire. Même cette durée extraordinaire promise à l'Église est conditionnelle au consentement des chrétiens, en face de la souffrance individuellement imméritée.

Çakiamouni nous apparaît évidemment le plus remarquable des précurseurs du Christ. Son œuvre fut aussi une œuvre de charité. En face du brahmanisme qui étendait le système des castes jusqu'au devenir, Gautama, affranchissant l'âme orientale de son désespoir, déclara saint celui qui faisait les œuvres de sainteté : et cela suffit pour épanouir le doux cœur de ces races. Le réformateur hindou poussa plus loin son action ; il détacha ses disciples de la vie physique et leur montra l'extase continue, comme le meilleur mode d'existence. Il produisit un effet immense d'immobilité, mais il soulagea la terre d'un nombre immense de prévarications qui, sans lui, se fussent ajoutées au fumier humain.

Jésus seul a résolu le problème de conserver à l'homme son activité en la purifiant. Et, pour cette fin, il dévoila le mystère de la souffrance consentie qui est l'âme même du catholicisme et qui devrait être la règle de son pontife.

XXII. L'ŒUVRE DU SAINT-ESPRIT

Le principe d'ordre de Dieu le Père, en conflit apparent avec le principe de bonté de Dieu le Fils, ne s'équilibre que par une troisième norme, résultant des deux autres. Que peut engendrer l'union de la justice et de la miséricorde, sinon le Saint-Esprit ? Ici, une grande antinomie désoriente les esprits.

Si Dieu est implacablement juste, le petit nombre des élus effraye ; si les mérites de la Passion ont tout leur effet, la justice divine est désarmée. Comment gracier un coupable, sans manquer à la loi qui le condamne ? Comment appliquer au mérite et au démérite leurs strictes conséquences, s'il est de loi que la mort de Jésus assure aux coupables la vie éternelle ?

Ici le Saint-Esprit paraît et dit cette formule merveilleusement simple : « La justice du Père aura son cours quantitativement, et cependant la miséricorde du Fils aura parallèlement le sien puisque les mérites en surcroît des justes sont réversibles sur les pervers et qu'il est permis aux hommes de satisfaire les uns pour les autres. »

Les vrais moines et les saints ont acquis plus de mérites que n'en exigeait leur salut personnel ; les justes de tous temps ont subi des maux immérités. L'Église est donc semblable à une confrérie où les riches, les justes payent pour les pauvres ou pécheurs. Cela est la révélation même du Christ, dont la divinité consiste à avoir embrassé d'un amour sublime l'indignité de la créature, et avoir payé, lui seconde personne divine, principe de charité, à Dieu le Père, principe de justice, la dette énorme de l'humanité. Est-ce à dire que nous puissions être sauvés sans œuvres, par les seuls mérites de la Passion ? Non, mais au prix de son sang, Jésus a ouvert auprès de son Père, pour l'humanité un crédit presque sans bornes, et c'est sur ce crédit mystérieux qu'elle a vécu, qu'elle vit et qu'elle vivra, car les actes divins mêmes, s'ils se manifestent temporairement, sont d'une nature présente et ne connaissent ni avenir ni passé ; termes enfantés par l'illusion du temps et l'infériorité de notre cerveau.

Ce qui s'opère entre la justice et la miséricorde s'opère entre le catholicisme et l'humanisme, et c'est vraiment l'œuvre du Saint-Esprit. Toutes les grandes œuvres, même d'une inspiration hétérodoxe, concordent au verbe de Jésus. Malgré les termes et le sujet, Polyeucte n'est pas une œuvre plus religieuse qu'*Œdipe*.

Les temples de Pœstum expriment la majesté du Divin autant que les cathédrales, et il y a eu pendant l'Église et avant l'Église une succession ininterrompue d'hommes et d'œuvres analogues à l'esprit de la Rédemption.

Les poètes dont l'inspiration ressemble souvent à l'illumination des mystiques ont tous senti ou pressenti la solution de la douleur humaine par l'adhésion à cette même inévitable douleur ; mais il fallait Dieu pour la mise en œuvre d'une telle inspiration.

La familiarité avec les diverses solutions philosophiques les réduit à un petit nombre, et ce petit nombre même pourrait aisément être unifié. D'une époque à l'autre, les façons de penser changent comme les façons de parler, et cependant ce ne sont pas des choses différentes qu'elles expriment. Il y a beaucoup de façons de prononcer le nom sacré de Dieu, et comme toute perfection le nomme, il n'y a pas plus de blasphème à l'appeler la Cause que notre Père. L'homme du Gange qui offre des fleurs à Vishnou, comme la dévote qui plante un cierge à l'autel de la Vierge, s'ils ont même foi, auront même crédit devant Dieu.

Le Saint-Esprit est la plus mystérieuse des trois personnes. L'Église en parle avec des réticences presque craintives et le caractérise par ses dons qui ont tous un caractère d'ésotérisme et d'universalité.

Tous les théorèmes humains se réduisent à un seul, véritable panchreste du raisonnement et qui se nommerait bien la question du Saint-Esprit.

L'homme suit ou son instinct, ou l'idée. Par assez de côtés, il reproduit l'animal pour douter parfois qu'il lui soit supérieur ; mais qu'est-ce donc ce phénomène nommé idée, qui détermine autant que l'instinct, au contraire de l'instinct ; qui n'apparaît que par les soins multipliés de la culture, faunaison supérieure de l'humanité.

L'être relatif est sorti de l'absolu, comme une flaque d'eau résulte d'un mouvement de la mer. Cette notion que j'ai pu lire, quelqu'un l'a inventée, et celui-là ne l'avait pas lue.

Forcément, il s'est rencontré un homme qui, un jour, au lieu de constater que telle herbe était laxative ou astringente, inventa d'un coup la métaphysique en posant les deux points de concret et d'abstrait : les successeurs de celui-là n'ont été que des littérateurs d'idées, des assembleurs de rapports.

La phénoménolatrie représente un ordre de faits différents ; le soleil et le feu ont été les manifestations divines les plus tôt comprises.

Mais l'idée d'immortalité a dû naître dans une cervelle humaine, avant qu'elle servît de trame à aucune religion : voilà la prodigieuse opération du Saint-Esprit.

Il n'emprunte rien à la nature en se réalisant, il est surnaturel, naturellement, par essence.

Ceux qu'il choisit, l'Antiquité les montre perdus par leur élection même : Œdipe, le vainqueur du sphinx, Cassandre, la prophétesse inécoutée, toutes les victimes d'Apollon représentent des flambeaux consumés par leur lumière ; et la magie qui découvre le plus vaste horizon distinct que le cerveau humain puisse atteindre, la magie, cette héroïque science qui cherche à voir quand la lentille ne porte plus, et à expliquer quand la science lassée casse sa cornue, la magie, cette carrière auprès de quoi les autres sont des sentiers, la magie ne découvrant pas la plausibilité de l'homme métaphysicien, attribue l'ouvrage spirituel de l'humanité à des esprits humanisés, terrestrisés, aux androgynes de Platon, aux daïmons de Plotin, aux génies de l'esthétique.

Les tensions animiques, même extraordinaires, se résolvent en conformité avec le vouloir ; les saints font des morts radieuses, des morts transfigurées, malgré que leur vie ait été hantée des fortes tentations. Les métaphysiciens, après avoir été obscurcis, et avoir souvent décrié eux-mêmes leurs pensées par leurs mœurs, finissent tous ou bien projettent sur les contemporains plus d'ombre que leur début n'avait eu de clarté.

On dirait que l'Esprit-Saint aveugle ceux qu'il a rendus clairvoyants, quitte à compenser cette horreur par le solennel mystère d'une mort transfigurative et qui semble, comme dans l'*Œdipe à Colone*, acheminer l'homme à une sorte de mi-divinité.

Il n'est donc pas dans la fonction pontificale de témoigner d'une grande puissance métaphysique, mais bien plutôt de la taire, si elle existait. Le pape est de tous les hommes celui qui doit le moins proférer dénonciations, et Léon XIII se trompe en écrivant tant d'encycliques éteignant le mandement épiscopal qui répond mieux à l'idiosyncrasie diocésaine.

Léon XIII fait des vers latins. Cette innocente manie dénonce un défaut de critique : ce qu'on appelle aujourd'hui le latin mystique ou d'église, est une floraison originale du catholicisme, et quoi de plus cligne d'un pape que de composer de belles hymnes, ne fût-ce que pour les substituer aux psaumes de David qui, tous les dimanches, aux vêpres de l'univers sont chantés en un succès exagéré et une appropriation fausse.

Une religion doit créer des formes et rejeter les ombilications trop flagrantes avec un passé dissident : un esthète ne s'entêtera jamais à renouveler un vieux procédé. On ne crée pas dans une langue morte, ceci est un axiome, et si Dante eût écrit la *Divine Comédie* en latin, il n'eût fait, ni le chef-d'œuvre de la poésie moderne, ni un chef-d'œuvre, mais quelque chose comme l'Anti-Lucrèce du cardinal de Polignac. Les Renaissants se sont trompés : ils ont payé leur erreur de l'oubli ; on ne sait d'eux que leur nom ; on ignore leurs œuvres d'archaïsme puéril, et c'est légitime : ils ont méconnu la loi de vie qui ne permet pas à un germe d'évoluer hors d'une ovulation saine, et rationnelle.

En interrogeant l'analogie du monde naturel, on obtient l'hypothèse nécessaire à la rationalité du surnaturel : il est étonnant que la science proprement dite ou positive n'ait presque jamais appliqué la formule analogique, au phénoménisme supérieur, elle aurait trouvé un couronnement à son édifice et avancé la nouvelle phase de l'intelligence humaine.

Les matériaux dus à l'imprimerie et à la vélocité des voyages, déterminent un complet changement de la culture et de l'exégèse : comme les missionnaires ne montent point sur des felouques pour aller évangéliser, mais profitent des plus récents bateaux ; ainsi la prédication doit s'inspirer de l'état des esprits.

Si on comparait une bulle de Paul III et une encyclique de Léon XIII, on croirait que rien n'a bougé dans la civilisation, et le pastiche cicéronien de Léon de Médicis se retrouve aux lèvres de Pecci Pour les niais, cette immobilité est une force et le plus excellent prétexte pour les paresseux et les tièdes.

Dans la presse religieuse, on a déclaré impie le musée Guimet ; comparer les religions a paru aux bons augustins de l'Assomption blasphémer la vraie ; mais les textes se publient, les prétendues idoles se collectionnent et on ne peut plus refuser cette comparaison. Elle aboutit, du reste, simultanément à une pleine victoire de Jésus-Christ, à une pleine défaite du pouvoir temporel, du peuple élu et du Saint-Office.

Si le Saint-Esprit veut se manifester, il suscitera une réforme simple, celle des séminaires. Là se consomme, depuis le concile de Trente, la plus étrange union de vertu et de bêtise.

Qui ne connaît sur Saint-Sulpice, des traits à faire pleurer ou rire, suivant l'esprit qu'on a. Un vicaire de Paris ne peut entendre *Œdipe-roi*, ni *Polyeucte*, mais il lui est loisible d'aller dans le monde, d'accepter les meilleurs dîners, de s'y étaler gourmand : il ne pourrait assister à *Parsifal*.

Le directeur de séminaire est un obsédé de la chair, il la voit partout et toujours pleine de vertige et de damnation.

Une contradiction singulière des mœurs catholiques, c'est la gourmandise, un des sept péchés et la publicité de ce péché chez les prêtres.

Pas un qui ne se cache pour forniquer, pas un qui n'étale la gourmandise, complètement, et cela, sans entamer son prestige dans l'esprit public. Or, les passions de l'estomac sont plus basses que celles du sexe ; il y aura toujours plus d'âme dans un baiser que dans un dîner.

Au lieu de rendre au théâtre son caractère de prosne pathétique, on l'appelle antichambre de l'enfer, oui si on entend le théâtre des papes et cardinaux, comique, petit et polisson.

Que dans les maisons d'éducation religieuse on ne fasse pas venir les actrices de la ville, cela se conçoit, de reste : mais on conçoit moins que de jeunes hommes soient habillés, grimés et stylés en femme par des prêtres.

Si l'on voulait cultiver la plus grande faiblesse sexuelle parmi les adolescents, on n'agirait pas autrement que la prêtrise contemporaine.

L'élève des congrégations, au lieu de quelques notions nettes et légitimes : fiancée, épouse et mère, sort du collège, avec l'obsession de la femme, démon et légion ; et plus singulier effet d'idiosyncrasie, le religieux qui sait et qui dit les péchés contre la nature, les plus graves, garde une inconsciente indulgence pour ce qui dans l'amour n'est pas la femme ; illusion de pureté, reflet d'un idéal faussé.

Il n'est pas d'évidence qu'un sophisme ne puisse obscurcir, ni de sophisme qui n'usurpe par instants l'éclat d'une évidence : de là, chez des esprits sans force, tout en finesse, un *Carymary Carymara* dont Renan a été le plus récent exemple.

Après certaines évocations du fanatisme, l'âme douée maudira les religions ; en réfléchissant aux désordres de la libre-pensée, l'âme éprise d'ordre absoudra l'inquisition : double impression d'une source également pure. Mais l'esprit saisissant l'ensemble des rapports verra la nécessité des religions, et que l'excès tient à la nature humaine et non à l'essence religieuse et aussi que jamais le physique n'a réprimé le métaphysique, qu'il faut enfin humaniser la religion et faire de l'ordre spirituel, par les moyens de la spiritualité.

Les lances n'ont jamais tué l'hérésie : cette hydre renaît de son sang répandu, et il ne faut pas donner cette cimentation formidable à l'erreur.

Tempérament individuel, tempérament ethnique, voilà les causes du choix dans les croyances, lorsque le seul intérêt ne les motive pas.

Le protestantisme a été la dernière étape féodale et se retrouve sous les traits de la bourgeoisie : le huguenot est devenu le bourgeois, comme il commença à être le burgrave : et toute l'abomination papale et espagnole en Hollande n'a pas ôté un adhérent à la confession luthérienne.

Une science qui n'a encore que des formules incidentes, malgré le génie de Fabre d'Olivet, et les continuations de saint Yves, pourrait s'appeler la science papale et se définir la *Cynétique de l'esprit*.

Comment l'idée se réalise-t-elle dans l'acte et le fait, quelle est sa loi de progression ? Nous ne connaissons que la formation sentimentale de la religion ; son processus affectif ; nous voyons l'aube du Christianisme avec un seul caractère : la charité. Comme toute manifestation divine, elle est susceptible d'un triple caractère.

La charité de Dieu le Père, c'est la création, la vie, la nécessité : la charité de Dieu le fils, c'est la Rédemption, la vie éternelle, la solidarité : la charité de Dieu le Saint-Esprit, c'est la sanctification ou l'accord total de la Nécessité, de la Charité et de la Subtilité.

Il y a deux mille ans écoulés depuis la Rédemption, le Saint-Esprit à cette heure choisit et prépare ses voies ; elles sont limitées !

Ou le successeur de Léon XIII, *ignis ardens*, homme suréminent, donnera le coup de barre au vaisseau de l'Église et mettra le cap sur l'éternité : ou l'opinion de la chrétienté lentement émue viendra battre de ses aspirations croissantes et impérieuses comme une marée l'inertie vaticane. Mais ceci sera long, pénible, il est toujours fâcheux que la direction vienne d'en bas et que ce soit le paysan de San Remo qui en remonte à Fontana.

L'Église traîne un malheureux cordon sémitique, mal coupé, et une loque césarienne ; effacer l'Ancien Testament, renoncer le pouvoir temporel sont deux nécessités que le temps opérera, si le Pape y faut, car toutes deux sont contradictoires au Verbe de Jésus.

Le pouvoir doit des garanties à ceux qui obéissent : spirituel, il doit des certitudes à ceux qui le suivent. Si l'ordre du Temple avait agi philosophiquement, il n'eût pas été détruit ; il a suffi d'un pape lâche et mais pour briser la formidable puissance des fils de Hugues de Païens. Ces prodigieux calomniés avaient reçu l'ésotérisme de l'Orient, et aussi une leçon importante sur la prochaine banqueroute de l'épée, comme instrument de règne, et ces chevaliers étaient devenus banquiers, *ad majorem ecclesiæ potentiam* ; le traître fut le pape, Judas renaquit tiaré sous les traits de Clément V, et le règne juif des Rothschild, si héroïquement dévoilé par M. Demachy, a pour premier fauteur Clément l'Iscariote.

Avant d'anathénatiser les hérésiarques et les hétérodoxes, il faut examiner si l'Église a toujours tenu les promesses qu'elle contient implicitement et ouvert une carrière à ces activités fatales en elles-mêmes et qui font du désordre, si dans l'ordre établi elles ne trouvent pas place.

Que peut faire l'écrivain, le savant, l'artiste dans l'Église actuelle : de la bondieuserie, c'est-à-dire de la bêtise à propos de la dévotion ; il y a toujours place pour un Lasserre qui amène de l'argent, mais pour un Hello, un d'Aurevilly, un Lacuria, un Villiers, un Adrien Péladan, il n'y a que le mépris et la défiance.

Le prêtre a le dédain du laïque ordinaire et la haine de l'extraordinaire : il faut entendre un Père jésuite parler de Chateaubriand, pour voir à quel degré d'infatuation l'ont peut atteindre.

L'abbé Duchesne, un des tonsurés les plus remarquables du moment, a de sourds et affreux ennemis.

La marque de l'Église, actuellement, en littérature et en art, c'est la bêtise. On ne sait plus construire une église : le Sacré-Cœur le prouve surabondamment ; on ne sait plus ni prêcher, écoutez Montsabré, ni écrire, ce qui est dévot assomme. S'il ne s'agissait que de constater des infériorités, ce serait une malœuvre, mais ici tout se détermine par un défaut dans la conception.

La parole de Dieu est d'autant plus divine que l'art en est absent. Pourquoi des préparations et des procédés profanes, quand il s'agit du Verbe, et ce mépris de l'Esprit-Saint, cette outrecuidance de compter sur En-Haut, pour éviter tout effort, règne d'un bout à l'autre du catholicisme. De l'Encyclique du pape au prosne des curés, c'est le même verbiage, pastiche cicéronien en haut, somnolente patoiserie en bas. Le public des églises n'écoute pas ; il veut entendre le ronron sacré. Des rouages religieux, et c'est tout : et comme ce public est composé aux deux tiers de femmes, le catholicisme se trouve deux fois amoindri et par le niveau des fidèles et par leur sexe.

Les femmes répandent les religions et il n'est pas de meilleurs auxiliaires pour les fonder, mais elles les abêtissent sitôt que leur piété n'est plus tenue en laisse par des mâles prestigieux.

Ce ne sont pas les vertus qui manquent mais les virtualités : l'Église a peu souffert des déportements d'Antonnelli, les concessions de Léon XIII l'ébranlent.

Le huitième article du symbole est consacré au Saint-Esprit ; or, le nombre huit signifie l'accomplissement et le règne.

On attribue au Saint-Esprit ces sortes de grâces qui servent plus au prochain qu'à celui qui en est l'objet, le don des langues, des prophéties. À la Pentecôte, les disciples de Jésus étaient-ils prêts à conquérir le monde à la nouvelle loi ? Non, nous disent les Pères ; ils étaient ignorants, faibles et si timides, qu'ils n'osaient paraître en public.

Tout à coup, ils savent les langues, et, pleins de zèle et d'assurance, ils se précipitent littéralement à prêcher et font de grandes conversions.

Les péchés de fragilité sont contre le Père, les péchés d'ignorance contre le Fils et les péchés de malice contre le Saint-Esprit. Ceux-là forment un sénaire étrange où l'on trouve la présomption de se sauver sans mérite, qui est symptomatique de l'état actuel de l'Église, puisqu'il est séminaristique, que l'œuvre de Dieu ne comporte ni génie ni talent, et que les anges font la besogne des clercs.

On appelle poncif en art, non pas une laideur ou un défaut, mais une routine, l'emploi impuissant ou paresseux des formes connues déjà épuisées : et lorsque une école en arrive au poncif, alors, ce qui fut Florence se nomme le Barrochio et Carlo Dolci.

La norme de vie, pour l'art, est de renouveler ses formes, et pour la religion de renouveler ses mœurs, car les mœurs sont muables ; et le rachat des captifs, et la visite aux prisonniers font une figure bien archaïque aux œuvres de miséricorde.

Le pape étant le sanctificateur par excellence, relève directement du Saint-Esprit. En reçoit-il les sept dons ? Du moins, il peut cultiver en lui les sept sciences intérieures auxquelles ils correspondent.

La crainte de Dieu correspond à l'orgueil : c'est une fausse perception de rapport qui produit les infatuations.

Concevoir Dieu, c'est-à-dire sentir la relation de l'absolu à l'accidentel équivaut à la crainte du Seigneur.

La piété paraît comme corollaire de la connaissance de Dieu. Ce sont les deux dons intérieurs et qui composent la sainteté.

La science qui, métaphysique, équivaut à la conscience, détermine la force ou volonté, et la dirige par le conseil ou subtilité. Enfin, viennent l'intelligence ou la vision abstraite et sa conclusion, la sagesse ou consonance de la notion (crainte), du devoir (piété), de la logique (conscience), du vouloir (force), du génie (conseil), pour réaliser l'idée, la sagesse étant l'intelligence en acte.

Les huit béatitudes ne sont pas communément bien comprises.

Bienheureux les pauvres d'esprit, ne veut louer les ignorants, ni même les humbles.

Bienheureux ceux qui renoncent en esprit, c'est-à-dire qui ne s'attachent pas avec âpreté aux contingences : ceci est du vedisme.

Bienheureux ceux qui sont doux : c'est-à-dire bienheureux les pacifiques qui réclament ici-bas la justice et qui l'attendent de l'autre vie.

Bienheureux ceux qui pleurent, n'a aucun sens littéralement ; il faut le traduire par bienheureux ceux qui savent utiliser la souffrance, mystère de l'épuration et moyen de devenir.

Bienheureux ceux qui ont faim et soif de justice, c'est-à-dire d'absolu, d'au-delà, d'idéal.

Bienheureux ceux qui pardonnent, parce que, suivant une loi occulte, toute injustice enlève du salut à celui qui la commet, et ce salut est attribué à l'autre, s'il pardonne.

De tous les sacrements, celui qui suscite le moins de préparation est la confirmation.

Au lieu de le donner à vingt ans, quand le chrétien a déjà réfléchi, on en fait une annexe de la première communion, et, en cela, on a grand tort. Ce devrait être le sacrement de l'adulte ; un catéchisme spécial devrait le précéder ; mais il s'agit du Saint-Esprit et, pour une raison mystérieuse, l'Église n'y appuie pas !

On pourrait ramener l'humaine pensée à une vingtaine d'idées mères, de clés idéologiques et voir que le travail des penseurs a consisté dans l'expression actuelle de ces thèmes sempiternels.

Le dogme religieux n'est pas plus immuable que la catégorie philosophique ; mais, tandis que la philosophie renouvelle son expression, la paresse sacerdotale s'entête à remâcher de vieux mots, c'est-à-dire à laisser aux idées leurs vêtements surannés.

L'expression « Dieu des armées » est un blasphème pour certains esprits ; pour d'autres, « Dieu de beauté » sera une formule renouvelée du paganisme ; tandis que l'initié ne s'étonne pas dans le Panthéon expressif des attributs divins, où toute excellence a sa place marquée et légitime.

Spiritus ftuat ubi vult : les convertis de Bayreuth seront niés par ceux de Lourdes ou de la Salette ; Wagner thaumaturge ; Bayreuth pèlerinage ; *Parsifal* manifestation divine, autant de propos scandaleux, mais véridiques !

Si l'intelligence moderne n'avait que les encycliques pour se sustenter, ce serait peu. Pape, évêques, sermonaires, continuent à nous donner de l'Ancien Testament, comme si les autres livres sacrés de l'humanité n'étaient pas traduits.

De quel droit, ce petit roi d'Israël, David, embarrasse-t-il de ses poésies le temple de Jésus-Christ. Les chrétiens ne sauraient rien faire, ni prier, sans s'autoriser des juifs.

Ouvrez un classique, le catéchisme liturgique de Cholloner, au hasard ; voici l'office de l'Église.

« Les différentes heures de prière sont-elles appuyées sur quelques textes de l'Écriture ? »

RÉPONSE

Le roi David nous apprend qu'il se levait la nuit pour louer Dieu et c'est pour commémorer ce fait, que tous les religieux des deux sexes chantent Matines. Prime s'inspire des paroles du psalmiste : « Vous entendrez ma voix dès le matin. » Pour les Complies, on suit encore l'exemple du prophète royal : « Le soir, le matin et à midi, je raconterai et j'annoncerai. »

Je ne connais pas d'aventure cléricale aussi extraordinaire que la conquête de l'imagination occidentale par la littérature israélite : car, je veux bien réfracter et publiquement, tout ce qu'il plaira à Pierre de me faire rétracter, même que le jour n'est pas la nuit, mais jusqu'à son ordre, selon ma raison, je déclare l'inspiration divine de l'Ancien Testament une assertion insoutenable, à moins qu'on entende par saintes écritures tous les chefs-d'œuvre réunissant la beauté esthétique à une action purifiante.

À moins d'une bulle qui me condamne, j'entends que la *Baghavat Gita* est mieux inspirée de l'Esprit-Saint que tout l'Ancien Testament, pour cette simple raison qu'elle est plus conforme au nouveau, au seul Testament. Israël et sa Bible n'ont rien à faire avec Jésus-Christ et son saint Évangile, ils sont leur propre négation et le catholicisme consiste seulement en la divine eucharistie.

Personne n'a pu écrire ni contre Jésus, ni contre l'Évangile ; je n'ai rien lu et j'ai beaucoup lu qui s'attaque à cette infinie lumière : on a interprété et faussé les paroles du Sauveur, on ne les a pas vitupérées : toute la vulnérabilité du catholicisme est dans son bagage judaïque et dans son lest de temporalité.

On oublie trop que Tertullien, par exemple, eut pour contemporain l'immense Plotin. Il eût mieux valu emprunter à l'Alexandrin qu'aux poètes de Juda.

Le paysan qui ne connaît que l'image de la Madone en bois grossier de son église de village ne reconnaîtra peut-être pas d'abord Notre-Dame sous les traits que lui donna Michel-Ange ; puisque cette figure suffit à sa piété, il serait impie de troubler son âme ingénue. L'homme de haute culture, au contraire, ne supportera pas qu'on lui oppose des contre-évidences, si antiques soient-elles.

Une religion procède par adaptation de la vérité à une race et conquiert ses fidèles par des procédés animiques.

La religion qui prétend à l'universalité ne peut pas ignorer ce qu'elle prétend remplacer ; il faut donc que le catholicisme se prépare à des confrontations grandioses avec les autres communions orientales : son triomphe est certain, si la Papauté, consciente que le Saint-Esprit est proche, consent à l'humanisme les garanties qu'il réclame.

L'Église n'a point péché, en tant qu'Archétype, elle a été seulement desservie par les pécheurs qu'elle enfermait ; mais elle apprête ses formes et ses rites à l'homicide, à la spoliation, à la cruauté, et laissant l'histoire, abordant le terrain métaphysique, nous ne demandons rien d'exagéré en voulant fixer l'idéal pontifical, ses droits et ses devoirs, de façon à ce que nul jamais ne puisse s'écarter des règles et affoler les consciences.

La papauté a quatre offices principaux : garder l'intégrité du dogme et paître les fidèles ; offrir aux schismatiques une part du gouvernement de l'Église en lui attribuant un nombre d'électeurs ; entretenir une conférence perpétuelle avec les pays protestants ; enfin, instaurer des rapports de charité entre la curie romaine et toutes importantes religions d'Orient.

À ces quatre offices, quatre fondations correspondent.

Séparation du clergé en pratique et spéculatif, et partant spécialisation des séminaires dans l'une et l'autre voie. Conseil laïque diocésain ayant le droit d'envoyer à Rome des cahiers annuels, et si le Concordat dure encore, nomination d'un évêque secret, véritable recteur du diocèse.

Élections cardinalices basées sur le nombre de fidèles de chaque nationalité, ou sur des preuves de mérite, mais abolition du bon plaisir papal en matière de chapeau, et remise au plan commun de l'Italie, devant les charges ecclésiastiques.

Création de nonciatures théologiques à Londres, Genève, La Haye, New York.

Création de légats dans tous les centres religieux d'Orient, et acceptation au Vatican de légats de toutes communions orientales.

Maintenant, si quelques-uns s'étonnaient de voir non pas Gros-Jean en remontrer à son curé, mais le maître de la R.+ C. conseiller le pape, un seul fait répondra : M. Poubelle qui crocheta les cloîtres de Provence, étant accepté, quoique excommunié, par Léon XIII comme ambassadeur de France auprès de la curie, je crois, et j'emploie cette expression au mépris de plusieurs autres plus convenantes et classiques, qu'il n'y a *plus à se gêner*.

Quelle que soit la surhumaine beauté de Léon XIII, bénissant du haut de la *sedia gestatoria*, rendant hommage à l'incomparable plasticité du pontife, le proclamant, au point de vue séculaire, le plus admirable à voir de tous les papes, je crois du fond de ma conscience et de ma science unies en un même vœu, que le mot d'ordre catholique doit être désormais :

NI PAPE ITALIEN
NI PAPAUTÉ À ROME

L'ENCYCLIQUE
SATIS COGNITUM VOBIS

Parmi les épreuves redoutables que subit de nos jours la foi des intellectuels, il faut inscrire les encycliques.

Dès qu'on secoue l'effet grandiose et vague de cette phraséologie à la fois catéchistique pour l'idée et scolastique de forme, dès qu'on cherche de la lumière dans cet éclat, et un réconfort sous cette parole ; on se trouble, on s'irrite ; et il apparaît que tout n'est pas pour le mieux dans l'Église.

L'encyclique d'hier va servir de vérification à nos thèses ; nous citerons la traduction officielle du R. P. Grandreau, ancien professeur de théologie fondamentale au Collège romain, docteur ès lettres, que Léon XIII a fait revenir de France pour qu'il traduisît sous ses yeux, et que Léon XIII a envoyé en France pour surveiller l'impression. Le texte français du jésuite a paru en France en même temps que le texte latin à Rome. Nous voilà en face du vicaire de Jésus, nous tenons l'expression de sa pensée ! Le sujet est prodigieux, l'unité de l'Église ! Comment est-il traité, et voyons ce qu'il entre de Logos dans ces paroles.

D'abord le verset 25, des Éphésiens, me paraît déplacé dans l'acception : le Christ s'est livré pour l'Église, il ne serait donc mort que pour ses fidèles, or, il s'est livré pour l'humanité.

« Mettons notre principale espérance dans le Père des lumières... » Évidemment le pape met son espérance en Dieu. Mais c'est peu pour

Léon XIII de nous assurer de sa foi ; il nous affirme la puissance divine : « Dieu, sans doute, peut opérer par lui-même, et par sa seule vertu, tout ce qu'effectuent les êtres créés. » Phrase étrange ! Le créateur peut toujours plus que la créature et cependant il ne peut disconvenir à l'ordre qu'il a établi ; or, ayant établi des lois phénoméniques qui relient tout le cosmos, il ne peut opérer que par ces mêmes lois qui prennent leur force de sa seule vertu, et les moyens de l'humanité même.

« C'est par l'intermédiaire et le ministère des hommes que Dieu donne habituellement à chacun la perfection qui lui est due. » Il faut que les hommes intermédiaires de la Providence satisfassent à l'idéal humain et le pape tout en premier.

« Nulle communication ne peut se faire entre les hommes que par le moyen des choses extérieures et sensibles. » Il faut donc connaître et pratiquer tous les arts de la sensibilité, et non pas s'en rapporter à l'excellence divine pour éviter tout effort.

Léon XIII élude huit mille ans d'histoire : sur les embarrassantes questions de la révélation primitive il se tait, et le monde semble avoir dix-neuf siècles.

« Jésus s'est adjoint des disciples pour que sa mission se continuât et que le genre humain acquît la sainteté sur la terre et le bonheur au ciel. » Les vieilles religions n'ont-elles pas produit aussi la sainteté ? N'y a-t-il pas eu de saints sous le règne du Père ?

Ensuite il développe un heureux point de vue, la double nature de Jésus se retrouvant dans l'Église même, et il arrive à l'unité de l'Église, prévue par le nabi Esaïe. « La loi sortira de Sion et la parole du Seigneur de Jérusalem. »

Le point de vue est toujours séminaristique, jamais humain ou d'ordre vraiment abstrait.

« Jésus-Christ prouve, par la vertu de ses miracles, sa divinité et sa mission divine. » Si on amenait un vulgaire fakir à Léon XIII, il prouverait sa mission par des prodiges. Or, à une époque où l'on va aisément aux Indes et dans un discours qui s'adresse en grande partie à l'Angleterre, il n'est pas prudent de donner pour preuve, à une doctrine, des prodiges.

Léon XIII, parlant de la prédication de Jésus, montre qu'il exigeait une entière adhésion : mais il oublie qu'il s'agissait d'une adhésion de sentiment. Jésus, c'était le divin amour fait homme ; il n'y avait pas à comprendre, mais à aimer.

« Il envoie ses apôtres, les revêtant de la même puissance ; avec laquelle son père l'a envoyé lui-même. » Mais Jésus n'était revêtu d'aucune puissance, en s'incarnant, il avait renoncé à pouvoir, il a laissé son exemple, sa grâce, et c'est avec une stupeur que nous lisons : « Et comme il convient à la Providence divine de ne point charger quelqu'un d'une mission, surtout si elle est importante et d'une haute valeur, sans lui donner en même temps de quoi s'en acquitter comme il faut. »

L'histoire donne un multiple démenti à cette assertion : il serait oiseux de faire défiler les papes indignes, les évêques indignes et les rois indignes. Sa Sainteté oublie la grâce attachée à la fonction et qui vaut même, si l'homme ne vaut pas.

« Mais en fixant nos regards sur Jésus dont nous tenons la place et dont nous exerçons la puissance. » Léon XIII tient la place de Pie IX, qui tenait la place de Grégoire XVI, qui tenait la place de saint Pierre. La place de Jésus c'est le Calvaire et non le palazzo vaticano ; Jésus portait sa croix et Léon XIII est porté sur la sedia. Il a l'air d'une idole, mais non pas l'air de Jésus ; c'est le plus beau à voir des patriarches ou des brahmes, mais ce n'est ni un Dieu, ni même un des plus grands parmi les hommes.

Tu es Petrus et super hanc petram ædificabo ; ce sacré jeu de mots fait la joie de Sa Sainteté.

Le pape est au Christ ce que le commentaire est à l'œuvre, la pédagogie à la science, l'exécutant à la partition et l'acteur à la tragédie. L'homme succède à l'homme, nul ne succède à Dieu. Jamais un brahme n'aurait écrit : « Je tiens la place de Brahma. » Et en rapprochant cette assertion inouïe que la Providence ne permet l'élévation que suivant la valeur convenante de l'individu, on arrive à une promulgation d'orgueil, que le flou de langue seulement rend supportable. La place de Pierre n'est pas la place de Jésus ; le pontife, le plus haut des hommes, reste encore incommensurablement et à jamais séparé de Dieu : et quant à la puissance divine, le pape l'exerce-t-il ?

Les catholiques lui doivent vénération et obéissance et quand ils lui auront attribué la sainteté, ils auront épuisé l'hommage dû.

Léon XIII est un saint, j'y consens ; mais aucun saint ne tient la place de Dieu et n'en exerce la puissance ; ou bien tout chrétien, dans l'instant où il manifeste de la charité, tient aussi la place de Dieu.

Sa Sainteté se complaît à développer ce qui rehausse sa dignité et rend sa fonction incomparable ; mais il oublie seulement qu'il est catholique, c'est-à-dire pape universel, et aucune de ses formules ne revêt un caractère essentiel à cette superexcellence. Jamais la raison humanistique ne se produit, les arguments sont d'un séminariste discret et appliqué et nom d'un empereur verbal.

Il s'adresse aux Grecs et aux luthériens, et au lieu de les convaincre par des arguments intellectuels, il enroule ses discours de citations théologiques, selon la respectable routine.

Ce rappel à l'unité, généreux en soi, ne paraît ni plus proche ni plus aisé, après la lecture de l'encyclique : et les questions posées restent sans solution. Lu, au prosne, ces larges phrases berceront la somnolence des dévotes, mais celui qui ferme Platon ou Spinoza pour voir comment pense le recteur de la conscience occidentale, relit, cherchant à saisir une pensée d'entre les lignes qui n'y est pas, et demeure navré de cette parade oratoire, pompeuse et stérile.

L'unité est à la fois le dernier mot de l'expérience et le premier de la foi. La nature elle-même est une, comme Dieu, son créateur ; l'humanité aussi est une : elle tend sans cesse à unifier ses aspirations, et la divinité du catholicisme réside dans les moyens qu'il offre pour l'unification morale de l'espèce humaine.

Les premiers chrétiens s'efforçaient d'abord de faire connaître la bonne nouvelle à ceux de leur sang et de leur corps : ainsi l'effort de l'Église s'applique d'abord à ramener les schismatiques, puis les hérétiques.

Une question de discipline, voilà tout le schisme ; ils croient ce que nous croyons, mais ils ne reconnaissent pas l'autorité apostolique.

Les cent cinquante millions de Slaves ne veulent pas être gouvernés par une curie italienne. À ces faits, Sa Sainteté répond par un « compelle intrare » célébrant la dignité de l'évêque de Rome. Le pape universel n'a point de rapport avec l'évêque d'une ville. Si le pape quittait Rome, que serait donc l'évêque de Rome, sinon une mitre parmi les autres mitres. En quoi le catholicisme est-il lié à la capitale actuelle de l'Italie ?

Pour résoudre le schisme, le Saint-Père devrait offrir aux schismatiques un nombre d'électeurs du Saint-Siège proportionnel à celui des idoles. Et le patriarche pouvant alors devenir pape, le schisme se résout.

La curie n'est pas légitime tant qu'elle est romaine, c'est-à-dire composée de Romains. La curie légitime est universelle et le Sacré Collège pour représenter exactement l'Église, doit distribuer les chapeaux aux nationalités suivant leur population religieuse. En dehors de cela, tout est fantaisie césarienne, sans justice et sans dignité. Le pape a le choix des personnes mais non des nationalités ; il faut honnêtement préciser un chapeau par tant de millions de fidèles.

Quant aux hérétiques qui croient un dogme corrompu, il faut leur envoyer des légats théologiens, qui faisant discussion publique tiendront littéralement bureau de vérité, aux pays de l'erreur.

Les protestants, à Strasbourg, ont récemment réclamé pour leur semblant de culte, la cathédrale, la prodigieuse église et la question aura des débats municipaux, exclusivement, au lieu que des pasteurs et évêques se trouvant en présence, la dispute s'élèverait alors à la hauteur qu'elle comporte.

Sa Sainteté développe avec complaisance la splendide toute-puissance de la tiare, cela se conçoit encore ; mais lorsqu'il montre les évêques successeurs des apôtres, après avoir dit Pierre successeur de Jésus-Christ et l'espère ardemment que son encyclique ne sera lue que des simples ou des prébendés.

« De même que les évêques, chacun dans son territoire commandent avec une véritable autorité, non seulement à chaque particulier, mais à la communauté entière ; de même les pontifes romains dont la juridiction embrasse toute la société chrétienne ont toutes les parties de cette société même réunies ensembles, soumises et obéissantes à leur pouvoir. » À cette assertion si audacieuse de fausseté, on peut répondre :

« De même que les évêques de France, chacun dans son territoire, dépendent du Consistoire protestant, sans aucune véritable puissance, non seulement sur chaque particulier que leur insuffisance et leur lâcheté scandalisent, mais sur la communauté entière qui ne la vénère point : de même, le pontife romain dont la juridiction est subordonnée à toutes les fantaisies des divers gouvernements, n'a sur toutes les parties de la société chrétienne que ce qu'il obtient des pouvoirs laïques, par sa soumission et son obéissance aux lois locales. »

Il y a peut-être de l'habileté à ne pas avouer la détresse de l'Église ; mais est-ce bien remédier au mal que de le nier ?

« Tous ceux qui ont le bonheur d'être nés dans le sein de l'Église auront trouvé dans cette lettre de quoi s'instruire plus pleinement et s'attacher avec un amour plus ardent chacun à leurs propres pasteurs. »

Mais, Très Saint-Père, nos pasteurs sont des loups et ce n'est pas vous qui nous les donnez, mais bien l'Antéchrist sous sa forme nationale. S'attacher avec un amour plus ardent à l'imbécillité du cardinal Richard, au civisme de Mgr Fuzet, admirable invite que, pour le salut de notre âme, nous ne suivrons point.

La conception catholique serait donc susceptible d'une double interprétation et le fidèle plus intransigeant que le pontife suprême ?

Même en ouvrant à Louis XIII un crédit pour des desseins admirables et secrets, son optimisme, qui refuse de voir les dangers où se meurt l'Église, produira un effet de relâchement, parmi le troupeau.

Quand le chef assure que tout est bien, le souci du soldat, s'il se manifeste, prend la forme de l'insubordination et cependant, comment admettre cette expression du concile du Vatican :

« Nous croyons, non point à cause de la vérité intrinsèque des choses, vue dans la lumière naturelle de notre raison, mais à cause de l'autorité de Dieu lui-même qui nous révèle ces vérités et qui ne peut ni se tromper, ni nous tromper. »

Certes, l'infaillibilité de Dieu et sa bonne volonté sont de telle nature que les affirmer constitue un blasphème. Dieu est absolu ou il n'est pas. Mais Léon XIII a dit précédemment que Dieu opérait sa providence par les voies humaines, et dès lors il faut que sa révélation prenne des formes acceptables à notre faiblesse et à notre dignité à la fois. C'est une singulière paresse que de ne pas rechercher la formule assimilable du dogme : l'unité de Dieu par analogie à ses preuves dans l'étude de l'humanité et de la nature et la lumière naturelle de notre raison y suffit : Ici se place la question de l'inspiration divine des saintes Écritures.

Si le Saint-Esprit parlait un autre langage que celui de notre lumière naturelle, nous ne l'entendrions point ; il est évident ensuite que sa manifestation proportionnée à l'humanité l'est encore à l'individu qu'il choisit : son influx sur saint Denys éclate d'une autre lumière que sur saint Labre.

Toute parole de charité et de lumière est inspirée du Saint-Esprit, selon la proportion de charité ou de lumière qu'elle renferme.

Or, l'Ancien Testament, malgré d'indicibles beautés littéraires, relève moins de l'inspiration divine, que les lois de Manou, par exemple.

Je l'ai dit ailleurs : « Il y a trois degrés dans la théodicée : la sensation de Dieu, le sentiment de Dieu et l'intellection de Dieu. Car les âmes ne sont point égales entre elles et n'iront point au même salut, quoique toutes destinées à un salut. Le purgatoire, forme clarifiée des réincarnations ne suffit pas à montrer un niveau où les dignes s'arrêtent et où les indignes parviennent finalement.

Les distances intellectuelles et morales sont analogues aux hiérarchies célestes : mais de même que dans une famille exemplaire, le serviteur lui-même est heureux, selon son rôle ; ainsi, dans le devenir paradisiaque, chacun sera satisfait, suivant sa satisfaction à l'idéal éternel.

Un pontife suprême n'est pas tenu de réaliser l'idéal de l'Église, mais au moins de le concevoir et Léon XIII ne le conçoit pas.

Il se complaît dans le rôle restreint de Pape des catholiques, il ne voit pas les raisons d'universalité et la sacristie masque à ses yeux l'humanité.

Elle a d'autres docteurs que les docteurs chrétiens et d'autres prophètes que ceux d'Israël, qui ont rendu témoignage à l'Esprit-Saint, avant l'incarnation. Pourquoi systématiquement éteindre ces lumières et refuser ces bonnes volontés ?

Tout l'univers fut convié à la propitiation du Calvaire ; le vicaire de Jésus-Christ lorsqu'il parle doit s'adresser à la même universalité.

Satis cognitum nobis : Nous savons assez que le verbe de Pierre ne convient plus à l'attente des nations, qu'il faut parler un autre langage et renouveler les motifs de croire, rouvrir les espérances et paraphraser à nouveau la charité et comme l'insuffisance de cette encyclique vient de la routine romaine, nous prions le Saint-Esprit qu'il nous délivre, et pour toujours, de l'hégémonie italienne, qui serait, en se perpétuant, la perdition de l'Église.

Le langage apostolique, semblable à une monnaie rendue fruste par l'usage, ne signifie plus rien, pour les esprits actuels ; il fait renouveler les formes de l'éternelle vérité, comme l'art a pour office de varier celle de l'éternelle beauté. Mais, au-dessus de toutes les vertus nécessaires à l'Église, celle que l'humanité réclame de ses héros et impose au chef spirituel c'est la Justice.

Or, Léon XIII, à l'instant de son encyclique, a reçu une éclatante leçon : Ménelick lui a prouvé, par de brefs et clairs propos, qu'il était un Italien et non un pape, en demandant la reddition des prisonniers, seul gage du Négus.

Il est scandaleux que le vicaire de Jésus-Christ, et qui prétend en tenir la place, reçoive d'un prétendu barbare une si foudroyante leçon d'équité : il est également épouvantable que ce présent livre soit raisonnable et fondé.

Je voudrais susciter encore quelques réflexions corollaires dans l'esprit du lecteur, et afin de laisser aux idées leur force, je romprai le discours en brèves formules : il y aura des redites sans doute et quelque confusion apparente ; qu'importe, si la démonstration paraît plus évidente ?

Il y a tel livre qui ne vaut que par les contextes ou les notes, et comme je ne me suis pas proposé d'autre fin que de réformer des notions, je ne risque qu'un peu de prestige scriptural. Si le grand art d'écrire est celui de charmer et non de convaincre, on peut illustrer l'idée de quelque image ; mais la matière idéique ne s'accommode pas de beaucoup de coloris : elle est linéaire de sa nature et veut de la netteté plutôt que du clair obscur. Le beau style, on le sait, ne s'obtient que par des modelés habiles.

Lorsque la race, qui a été la matière même d'une religion, tombe en décadence, elle devient un péril pour cette religion.

Or, les latins se précipitent à l'abîme avec une vertigineuse rapidité ; il faut que le catholicisme les sauve ou se sauve d'eux.

Et comme personne ne crie, devant l'effroyable danger, je m'efforce de réveiller les égrégores, de leur somnolence béatement criminelle.

Il se peut que je scandalise ; mais ce scandale remontera jusqu'à ceux qui n'ont pas voulu entendre la voix vénérante du fidèle et qui sont bien forcés, aujourd'hui, d'écouter celle impérieuse de l'humaniste.

PALINGÉNÉSIE CATHOLIQUE

I

CXI. — Il y a peu de doctrines radicalement fausses ; mais la plupart sont incomplètes : soit qu'elles n'aillent pas jusqu'à leur point de clarté ; soit qu'elles développent exagérément une particule idéique.

Et les meilleurs esprits ont toujours pris pour la vérité même, la petite part qu'ils percevaient.

CXII. — Le génie c'est la personnalité ; il n'y a pas de pensée sans génie ; ni de personnalité sans erreur. Voilà pourquoi les Grecs consultaient l'oracle de Delphes et les Latins consultent l'oracle de Rome.

CXIII. — Il y a la vérité abstraite, et la vérité efficiente, cette dernière doit être préférée parce qu'elle fait sa preuve.

Voilà pourquoi l'Église est admirable et nécessaire, elle concrétise l'idéal en charité. Elle enseigne à vivre plutôt qu'à penser : le pape est le grand recteur moral, plutôt que le maître de philosophie.

CXIV. — C'est une grande faiblesse, celle-là même du temps, de ne sentir ni la beauté de l'Autorité, ni la nécessité de l'Ordre.

Il faut cependant qu'il y ait une règle et qu'elle soit appliquée.

Anarchie, ont dit les ignares : synarchie, ont répondu les initiés ; le bicorne du gendarme seul fait pencher la balance.

CXV. — L'homme n'est convaincu que de ses intérêts, et cela est légitime.

Il faudrait seulement lui montrer que ses intérêts sont de plusieurs sortes, et qu'il suit les moindres.

CXVI. — La première période d'un noble esprit, dans les décadences, se passe à enrager et à fulminer ; et cela n'est pas inutile.

Un moment vient où cette excitation généreuse épuisée, le besoin d'une illusion s'impose et alors on s'énamoure de l'avenir ; et cela est souhaitable.

Car un peu de l'indignité d'un temps s'écoule avec lui ; et il y a toujours quelque chose à faire, même parmi les ruines.

CXVII. — La civilisation à son déclin présente un parallélisme curieux, entre sa perception métaphysique et l'optique ; elle perçoit les idées et les couleurs, dissociées au mépris de la synthèse et de la perspective aérienne. Ainsi ne comprend-elle pas que la philosophie ne supplée pas la religion, et que l'homme a besoin de prier autant et plus que de penser : enfin, de nos jours, Aristote et Platon iraient à la messe.

CXVIII. — La foi, définie un don de Dieu, sera, prochainement, un don de la science.

Ils viennent du fond de l'Orient, les Mages, les maîtres du passé, témoigner pour Jésus-Christ, et sa Divinité va bientôt s'auréoler d'incontestabilité.

Mais les latins ne seront déjà plus virtuels quand l'évidence viendra les échauffer et leurs successeurs, les Slaves, sont condamnés à l'animisme.

Où le Saint-Esprit trouvera-t-il les siens ?

CXIX. — Le pape, c'est Nouah ; pendant le déluge des mutations politiques, il doit enfermer dans l'Église, arche spirituelle, toutes les notions essentielles, afin de recommencer l'œuvre humaine, à la première accalmie.

CXX. — Dieu lui-même a pris corps et a pris lieu, pour nous rédempter ; il a subi les conditions humaines, la douleur, l'impuissance et la mort. Ne demandons pas à ses apôtres d'autre surnaturalité que l'imitation du Divin Maître, et acceptons les conditions actuelles de la Vérité, comme le Christ accepta celle de sa Mission.

Or, la condition majeure du Vrai, c'est l'universalité. Peut-elle paraître dans les mœurs ? L'ouvrier d'Occident et le fakir de l'Inde ne se comprendront jamais l'un ou l'autre : il y a entre eux plus qu'une dissidence de doctrine, une différence de climat. Mais le Cardinal et le

Brahme peuvent s'entendre et se donner la main pour opérer l'unité animique.

CXXI. — Le Pape seul a qualité pour parler aux fidèles ; mais quand il parle aux infidèles, c'est à leurs prêtres qu'il doit parler ; eux seuls ont qualité pour l'entendre.

CXXII. — L'homme général a des passions et non pas des idées. Et les guerres religieuses ne disconviennent pas à cette assertion.

En Occident, toutes les sectes ont été musulmanes à leur moment, c'est-à-dire ont pris des prétextes sacrés pour assouvir leurs instincts.

Mahomet a donné la plus belle carrière aux deux brutalités impérieuses, l'homicide et la paillardise : et sa religion, qui déchaîne l'individu au lieu de le réprimer, a eu un magnifique succès qui n'est point encore éteint.

Fernand Cortez, Torquemada, Philippe II, le duc d'Albe, pour ne citer que quatre monstres, ont satisfait leurs honteuses passions, à l'ombre propice de la foi.

La malice humaine tire un prodigieux et infâme parti de la matière divine ; voilà pourquoi le Souverain Pontife doit renoncer à tous les prétextes qui permettent à l'infamie de l'espèce de s'ébattre dans le temple ; il doit renoncer surtout à la Patrie, la source abominable des crimes collectifs et honorés par l'histoire.

II

CXXIII. — Est-il bien sûr que Léon X était aussi appliqué à sa charge que Raphaël à son œuvre ? On dira que l'idéal d'un grand peintre est plutôt réalisé que celui d'un pontife. Mais, il y a eu assez de pontifes pour que cet idéal soit fixé, et que la chrétienté connaisse ce que lui doivent ses pasteurs : au moins, la même application que nous admirons chez l'artiste.

CXXIV. — Les hérésies ont été des vanités de scribes et les schismes des entreprises de dynaste : voilà ce qui ressort de l'histoire ecclésiastique. Si, parmi les premiers, il s'était trouvé un vrai penseur et parmi les seconds un honnête homme, ils auraient sacrifié leur thèse et leur intérêt au principe d'ordre, le plus nécessaire de tous.

CXXV. — L'histoire n'a jamais été écrite par des philosophes et aujourd'hui ceux qui l'enseignent sont restés des esprits scolaires ; ils ne voient ni la perpétuelle lutte des principes ou forces providentielles, ni la perpétuelle comédie humaine vulgaire et brutale qui se joue dans ces beaux décors. Comment reconnaître Vautrin dans Napoléon, le baron Hulot dans Louis XV, et la cousine Bette en marquise de Maintenon ? Même l'évocation de ces types disqualifie celui qui l'a fait, auprès des gens graves !

N'importe, celui qui voit à travers les costumes et malgré la pompe du geste et le prisme de l'éloignement, définira l'histoire, autant la religieuse que l'autre « de quelques passions prépondérantes en !... » ou même « du tempérament de certains individus ». L'histoire devient clinique ; elle l'est, à moins de la hausser, jusqu'à la vue des causes secondes.

La papauté se trompe, en faisant de la diplomatie, elle se disqualifie sans compensation ; mais elle pourrait réfléchir sur un thème bien banal que le vulgaire connaît au même titre que *les Trois Mousquetaires*, et ce thème, manqué faute d'art par Eugène Sue, s'appelle Roding, un pervers, mais un grand mécanicien de la sensibilité et qui connaît et manie les âmes, scientifiquement. Là, est la leçon pour prévenir et réduire les hérésies et les schismes.

III

CXXVI. — Le pape ne peut être roi, ni le prêtre soldat, or, les papes ont été longtemps rois et aujourd'hui, en France, les prêtres sont soldats.

Cela prouve que les pontifes-rois ignoraient la nature du pontificat et que Léon XIII a oublié celle de la prêtrise.

Il est donc utile de définir les notions devenues vagues, et le Saint-Esprit y pousse.

CXXVII. — Luther permettant au landgrave de Hesse de prendre deux femmes, est déjà jugé ; et Calvin brûlant son ami Servet pour cause d'hérésie, est jugé également. Car le moindre caractère d'un réformateur consiste à ne pas copier exactement les fautes qui l'ont fait protester.

Léon X avait des bouffons, mais il n'autorisait pas la bigamie, et faire condamner au bûcher son propre ami, sur des lettres confidentielles, cela dépasse Torquemada.

CXXVIII. — L'homme a un besoin de variété dont il est dupe ; il ne reconnaît plus le même fait moral sous des traits modifiés ; ceux qui déclament contre les corvées féodales acceptent la caserne ; et on étonnerait beaucoup les citoyens français et valides, si on les traitait d'esclaves : cependant le recrutement n'est rien qu'une forme actuelle du servage, mais quelques phrases suffisent à convaincre les blancs qu'ils n'ont aucun rapport avec les noirs.

Et on niera la part colossale de l'imagination, au bas des séries sociales, quand un fiancé abandonne sa bien-aimée, un fils sa mère, un époux son foyer, pour aller apporter ses os à la marmite financière ou quelque boursier cuisinent leurs vols nationaux.

Toute l'habileté des prétendus réformateurs consiste à trouver une nouvelle illusion qui masque les éternels abus. La religion a longtemps été le cheval de Troie, maintenant c'est la patrie et le suprême pontife reconnaît les patries et ose en avouer une autre que l'éternité.

CXXIX. — Concevoir un idéal, c'est se confronter à un aspect du divin, et si on ne le réalise pas, on demeure confondu et à jamais obscuré par ce rayon provoqué qui consume toute imperfection, audacieusement levée vers lui.

CXXX. — L'idée détermine les sentiments, qui eux déterminent les actes.

C'est donc l'idée papale qu'il faut réformer et le reste suivra : mais cette réforme paraîtrait une formule impie, si les encycliques n'étaient là pour montrer que le pasteur n'est pas conscient de ses devoirs, ni le troupeau de ses droits.

CXXXI. — Le Pape est intellectuel positif et animique passif, en face de l'Église intellectuelle passive, animique active.

La vérité a donc un double mouvement, elle peut s'opérer par intellectualité du pontife agissant sur l'âme ecclésiale ou bien cette même âme peut actionner la pensée pontificale.

CXXXII. — Il y a trois termes pontificaux qui résolvent par leur combinaison toute question ecclésiale : le point de création, le point de rédemption, le point de sanctification.

On sait l'imperfection originelle ; on sait la rédemption providentielle ; mais on ignore la sanctification perpétuelle, sommet du triangle sacré, couronnement du ternaire.

CXXXIII. — Il n'existe pas de théologie du Saint-Esprit, non qu'on ne puisse la concevoir et l'exprimer, mais parce que cette conception désoriente le niveau ordinaire et disconvient à l'étroitesse nécessaire à toute religion.

La théologie du Saint-Esprit a deux caractères : mystique dans la théorie et les formules ; magique dans les applications et les œuvres.

Littéralement c'est l'Himalaya, le Gaurisankar du dogme ; et ce sommet est gardé par le vertige, les orages, les tonnerres et les prestiges :

c'est la zone de témérité et d'aventure héroïque, où la miséricorde cesse, où la justice implacable veille, c'est la caverne du sphinx, et ces crânes qui gisent sont ceux d'admirables esprits. Dans ces livres moitié folie, moitié lumière qui vont des gnostiques à Paracelse et à Kunrath, il y a des reflets du Saint-Esprit, mais si difficiles à percevoir parmi les scintillances insensées.

Heureux celui qui garde l'humilité dans l'illumination, et qui connaît le devoir du mage : sacrifier la vérité abstraite à la vérité efficiente, c'est-à-dire obéir à l'injonction du pontife, même s'il paraît se tromper : car la désobéissance est toujours une erreur, même au nom de la vérité.

IV

CXXXIV. — Les plus grands crimes sont ceux commis officiellement, de peuple à peuple : ils sont directement attentatoires au Saint-Esprit, puisqu'ils ont une sanction dans la conscience collective et qu'ils s'appelleraient justement : les crimes nationaux.

Le magistère papal a pour première fonction d'intervenir d'abord par supplication auprès des belligérants ; et s'il ne peut les pacifier, il doit examiner le conflit et lancer l'anathème, avec une suprême violence, sur l'injuste parti.

On m'objectera que Léon XIII, aux genoux de l'empereur d'Allemagne, n'obtiendrait rien et que la bulle lancée contre la France amuserait les boulevardiers.

Je le crois aussi, mais si le vicaire de Jésus-Christ ne fait pas son devoir pour le faire ; si l'insuccès d'un acte de charité le dissuade de cet acte, et si la huée d'une centaine de lenos parisiens paralyse un successeur d'Hildebrand, il n'y a plus d'Église, la divinité de Jésus est controuvée, et la latinité va pourrir, avant que d'être morte.

CXXXV. — Quelle expression assez forte signifierait cette surimportante simplicité :

Le Pape est sans date, et sans lieu, et sans mœurs ; il n'est pas le contemporain de Mazzini ou d'Humbert, il n'est ni le successeur de Pie

IX, ni le prédécesseur à l'*Ignis ardens*, il EST la conscience de l'Église, et il ne peut pas varier dans son office de charité. Les irréfragables résistances ne le dispensent pas de parler et d'agir, comme si les mondes, docilement, lui obéissaient.

CXXXVI. — Si les génies n'avaient produit leurs œuvres que dans des circonstances favorables, la plupart se seraient tus, au grand dam de l'humanité ; ils savaient que leur effort, perdu pour les contemporains, trouverait sa ratification admirative auprès des générations futures.

Ainsi les papes doivent considérer que leur fermeté, fût-elle perdue comme action immédiate, produira, dans l'histoire, un effet de zélation et d'exemple. En outre, la religion s'est fondée et se perpétue, autant par les mérites cachés que par ceux éclatants ; et la communion des saints s'enrichit de tout acte vraiment saint. Quel le serait davantage que l'acte pontifical ?

V

CXXXVII. — L'avenir est le terme de la volonté ; elle ne peut être rétrospective, ni même présente ; mais l'avenir, en mystique, s'appelle le devenir et dépasse cette vie organique, en une parabole qui se bifurque récompense ou purification.

CXXXVIII. — Les exercices de saint Ignace ont formé des saints et d'innombrables renonciateurs, et nous ne connaissons pas la vertu des « vers dorés », dont l'inspiration est plus haute certainement.

Cela prouve que la vérité religieuse est virtuelle, non la philosophique ; et que la critique des religions, ne pouvant être faite que par des philosophes, ne sera jamais pleinement équitable.

CXXXIX. — D'où vient la virtualité des exercices spirituels ? De ce qu'ils attaquent la sensibilité. Les arts, dans leur ensemble, seraient donc des moyens sanctificateurs, des truchements de perfection morale ? De saint Grégoire qui faisait jeter les marbres grecs dans le Tibre, jusqu'à Léon XIII, qui livre le jugement dernier aux araignées, qui s'en est douté ?

Cette assertion étonnera, en apparence contradictoire à nos dires précédents ! Des papes ont aimé l'art ; mais quel pape a vu, dans l'art, un instrument de salut et le huitième sacrement ? Léon X et Jules II ont aimé l'art en rois, et non en papes : et même, comme esthètes, ils sont pleins de torts. Les statues de saint Pierre sont nulles ou blasphématoires, sauf un mausolée de Pollajuolo.

CXL. — La religion a deux rivales honorables, la magie et l'esthétique ; c'est l'esthétique qui est à craindre, car elle fait des miracles ; il serait bien aisé d'annexer au sacerdoce et l'initié et l'esthète, en tolérant l'intelligence et employant les arts.

CXLI. — J'ai entendu le curé d'une grande ville de France dire, avec mélancolie : « Il n'y a pas un seul caractère, dans tout le diocèse » ; étendez cela aux autres diocèses et cherchez d'où vient l'exemple, du Pape, qui n'est pas un caractère, au sens où tous l'entendent. On aura beau alléguer de profonds desseins, le devoir du pape est de satisfaire à l'idéal des fidèles, par sa fermeté.

Additionnez la haine de l'intelligence, le dédain de l'art, le manque de caractère chez les prélats, et la preuve actuelle de la divinité du catholicisme sera faite.

CXLII. — Toute religion, sans enseignement ésotérique, est exposée à des discussions publiques, un peu désobligeantes ; mais si elle vient à l'emporter, un grand et noble éclat en résulte.

La publicité inhérente aux mœurs modernes comporte, en échange de ces inconvénients, le singulier avantage de limiter le mensonge et de ruiner à moitié l'hypocrisie.

Le Saint-Père a accepté le crocheteur Poubelle comme ambassadeur ; mais l'histoire ne sera pas si oublieuse du siège de Frigolet et de l'exécution des décrets, dans les Bouches-du-Rhône. Léon XIII restera historiquement accolé à l'excommunié, pour montrer jusqu'où peut descendre un souverain pontife.

VI

CXLIII. — Équilibrer, proportionner, tempérer, pondérer, harmoniser, voilà des verbes qui n'évoquent aucune plastique, ni pittoresque ; cependant, ce sont les verbes de vie, de joie et de lumière, par la force réside dans l'équilibre, la beauté dans la proportion, la durée dans la tempérance, la sagesse dans la pondération, et la perfection même dans l'harmonie.

L'Église se définirait comme l'équilibre des aspirations humaines et des grâces divines ; la proportion du mortel au divin ; la tempérance du désir au devenir ; la pondération des instincts et des essences ; et l'harmonie analogique des contraires.

Le pape, sous peine de n'être pas vraiment pape, résout incessamment des problèmes de statique, de cynétique, de mécanique, de dynamisme et de musique *hyperphysiques*.

CXLIV. — L'hyperphysique est cette zone du déterminisme où il y a phénomène sans que la loi soit perçue.

La vie des saints et les procédures de sorcellerie présentent des faits historiques, sans explication.

Or, le pape possède certainement le déterminisme hyperphysique, puisque les grands pontifes de l'Antiquité le possédaient, et que cette science est une grâce du souverain pontificat et non un acquêt de l'étude.

Il n'est pas possible que le Saint-Père prenne la Nahash de la Genèse pour un serpent, un véritable ophidien, et j'aime à croire que, pour lui, l'*examen de conscience* est l'examen de *son atmosphère personnelle*.

CXLV. — Il y a deux voies d'illumination : l'identification par le désir, et la conception par raisonnement.

Le saint projette toute sa sensibilité vers Pieu, et le penseur s'aide de tous les rapports pour aborder, de notions en notions, la causalité.

Le saint choisit la meilleure voie ; car la vie terrestre est la stase sensible ; et le génie, en avance sur le devenir, oublie souvent qu'en choisissant l'épreuve la plus haute, il lui faudra revenir sur ses efforts et se sensibiliser aussi dans la charité qui est la perfection de l'âme.

VII

CXLVI. — L'impropriété des formes employées signifie une sorte d'indignité, c'est-à-dire d'inconscience. Or, les formes royales du Vatican témoignent contre le pape.

Est-ce à dire que le cérémonial ne soit pas là, en sa place ? Certes, nulle part au monde, la pompe et la solennité ne paraissent aussi nécessaires, mais cette pompe doit être sacrée et cette solennité chrétienne.

CXLVII. — Pense-t-on quelquefois que le culte d'Odin ne s'éteignit en Danemark, qu'au XIe siècle ? Cela montre que le Divin lui-même suit un cours humain, dans l'humanité et que ces grands coups de l'au-delà, ces interventions providentielles, si chères à la dévotion, sont des rêveries.

CXLVIII. — L'homme ignore les lois supérieures mais il ne peut ignorer qu'elles existent et c'est un blasphème de penser que Dieu se désobéit à lui-même, se déjuge, et, comme la littérature hébraïque l'exprime, s'irrite, se repent et se rétracte.

Ce qu'on nomme Providence est une Norme permanente qui tranche en dernier ressort tous les conflits des trois mondes.

CXLIX. — Il n'y a qu'un seul mystère absolument insondable, l'incarnation de Dieu le Fils, tout le reste est explicable, rationnel et même clair.

CL. — Les théologiens, éblouis de leur sujet, ont été panthéistes ; au lieu de placer Dieu au commencement, ils l'ont montré partout ; et le catéchisme dit : « Il est au ciel, sur la terre, en tout lieu » et la philosophie répond : « Il n'a pas de lieu, il n'est nulle part », et les deux formules sont vraies.

Pour concevoir Dieu dignement, il faut presque cesser de le sentir ; et, pour le sentir, il faut cesser de le concevoir.

« Non-Être absolu » dit le Magiste, « Notre Père », dit le croyant.

CLI. — On enseigne que les élus verront Dieu, ils verront une visibilité proportionnelle à eux-mêmes, et qui sera Dieu, en effet, pour eux ; mais, cérébralement, jamais le relatif ne percevra que l'ombre de l'absolu.

VIII

CLII. — L'arcane majeur de la papauté, c'est l'invariabilité de la doctrine, l'application perpétuelle des mêmes principes aux événements les plus divers ; car aucune circonstance ne saurait changer les lois d'éternité, et le pape est le légiste et le profèrateur de ces immuables lois.

CLIII. — Embarrassée de son pouvoir temporel, la papauté n'a jamais pu parler librement ; elle avait de misérables intérêts mêlés à tous ceux de la politique ; et les ailes noires de l'aigle césarienne planent encore au-dessus de l'histoire de l'Église, au lieu du pur essor de la colombe.

Le premier mouvement de la foi, c'est de tirer l'épée pour son Dieu et son Église, et l'indignation est extrême de voir celui qui lie et qui délie prisonnier du ridicule Humbert ; mais les premiers mouvements, généreux en soi, sont passionnels ; et il faut de la discipline dans la passion du Divin.

CLIV. — « Au commencement était le Verbe » et, en toute période, il faut que le Verbe se manifeste, c'est-à-dire que la parole pontificale soit surhumainement libre : elle ne l'a jamais été.

Car, sitôt qu'elle sera libre, elle deviendra implacable et soulèvera d'épouvantables colères.

Quand une époque est folle et pourrie, la raison et la santé paraissent des scandales, et le successeur de Léon XIII devra scandaliser l'univers, pour remplir son office.

Il devra, par ses décisions, déjuger la plupart de ses prédécesseurs et faire implicitement le procès même de la tiare.

Tant que les pontifes ont fulminé contre les mauvaises mœurs et les crimes de l'individu, ils ont été approuvés par les États, mais lorsque le pontife fulminera contre la scélératesse des patries et pèsera dans sa balance redoutable les crimes nationaux, alors s'élèvera une clameur inouïe et on sévira contre l'Église, et les persécutions surgiront, mais l'Agneau de Dieu sera consolé et le Paraclet réjoui.

CLV. — Pour donner de la paix au monde, la papauté doit renoncer à la sienne et s'offrir en holocauste.

IX

CLVI. — Le prochain d'un curé, c'est sa paroisse. Le prochain du pape, c'est l'humanité.

Non seulement il doit préférer le seul bien de l'Église à toute autre considération ; mais, dans un conflit entre ses ouailles et des infidèles, il n'est plus pasteur mais juge, et doit abandonner son troupeau pour la justice.

On objectera que le catholicisme étant la vérité, cette occurrence ne se produira pas d'une opposition entre l'intérêt ecclésial et l'intérêt humain.

Mais, si on réfléchit que les catholiques sont des cœurs injustes et des esprits faussés et qu'on se remémore les agissements des missionnaires au profit de la métropole, on comprendra que le successeur de Léon XIII impose à l'ordination ce serment : « Je renonce à la patrie, à ses pompes et à ses œuvres », comme il est dit : « Je renonce à Satan, à ses pompes et à ses œuvres. »

CLVII. — Il ne suffit pas que le pape soit chrétien, il faut, avant tout, qu'il soit humain ! Ou il est la conscience d'une communion parmi les communions, ou il est la conscience universelle et destiné à conquérir par la charité toute la terre au Verbe de Jésus.

Le prêtre catholique est en contact avec l'infidèle, mais le catholicisme dédaigne de s'affronter avec les autres religions.

Or même qu'il n'a rien à apprendre, il a beaucoup à enseigner et son attitude disconvient à l'Apostolicité.

CLVIII. — Si la papauté incarnait la justice, l'humanité entière se donnerait à elle ; mais, jusqu'à ce jour, la papauté a été partiale, nationale, occidentale, quand elle n'était pas simplement italienne, romaine ou même vaticane.

Le pape ne doit s'appuyer que sur la croix, toute protection le diminue ; indépendant, il serait un perpétuel souci pour les podestats ; docile aux coercitions, il se disqualifie.

Il en a eu la preuve, le jour où il demanda aux puissances un lieu de refuge. L'Angleterre seule lui offrit Malte, et avec de telles arrière-pensées, qu'il ne pouvait accepter.

X

CLIX. — Il est très difficile de se figurer le pouvoir spirituel ; ceux mêmes qui l'ont exercé le méconnurent et le confondirent avec le sceptre ordinaire.

Rien de plus positif que la royauté, elle opère par les gens d'armes.

Rien de plus abstrait que la papauté, elle opère mystiquement.

Mais, tandis que la royauté a un but contingent, la prospérité d'une nation, la papauté a un but surnaturel, le salut ou devenir de l'humanité.

On peut se tromper et varier sur les moyens, mais non sur les maximes.

En quelque acceptation qu'on la prenne, la charité c'est l'amour de Dieu, s'épandant sur la créature de Dieu.

La prospérité, c'est le bien-être se répandant sur toutes les castes d'une nation. Or, la différence des orientations implique une dissemblance dans les us et les formes qui n'a jamais été observée et qui doit l'être.

L'œuvre religieuse n'a pas d'autre sanction que les vertus produites ; et les vraies vertus étant cachées, l'honnêteté du pouvoir spirituel consiste à suivre d'immuables principes.

CLX. — La guerre est impie en soi : le pape, qui ne peut l'empêcher comme médiateur, a le devoir de la juger comme verbérateur de la conscience universelle. Ainsi, à chaque déclaration de guerre, il doit répondre par une *déclaration de justice*.

Si Léon XIII l'avait fait dans la guerre du Négus, s'il avait anathématisé l'Italie, il eût été insulté, tué peut-être, mais il eût été pape.

Il faut abolir les canons ou les suivre ; le Saint-Père sait bien que Mlle Lucie Faure, fille d'un persécuteur de l'Église, n'a pas droit aux sacrements, ni d'entrer dans une église à moins qu'elle ne renie son père et ne quitte un toit maudit.

Or, le vieux franc-maçon serait ainsi frappé dans sa seule sensibilité.

Mme Poubelle, qui est dévote, se voyant chasser de toute église, ferait une jolie expiation à son époux crocheteur, ambassadeur, chasseur de moines et *persona grata* au Vatican.

XI

CLXI. — Suivant un archidoxe précédent (XII), une âme synthétique se forme dans toute communion, et l'âme de l'Église est la matière de l'œuvre pontificale.

C'est elle qui agit sur le cœur du pontife comme une épouse ; c'est sur elle que le cerveau du pontife doit agir comme un époux.

CLXII. — Il faut empêcher le voyage de Rome comme on empêche la lecture de l'Ancien Testament ; ce sont deux trop périlleuses épreuves pour la foi.

CLXIII. — Ce n'est pas le pape qui déçoit, mais la clique vaticane, cynique, vénale, et qui ne prend pas même la peine d'un peu d'hypocrisie.

Tous les prêtres que j'ai interrogés m'ont parlé, avec le roi, des impressions de Rome ; leur foi a vacillé, ils ont eu leur quart d'heure de Luther.

La vue du pape ne doit pas être un commerce entre les monsignori et les hôteliers, ou du moins ce commerce devrait être proprement fait, par des cornacs convenables et non par de véritables paillasses tonsurés.

Le chrétien a le droit de voir le Vicaire de Jésus-Christ et d'être béni par lui, sans lui imposer des pertes de temps et de la fatigue.

Tous les jours, au coup de canon du fort de Saint-Ange, à midi, le

Saint-Père devrait paraître au balcon de Saint-Pierre et bénir ceux qui seraient sur la vaste place.

Cela suffirait.

Quant aux audiences privées, j'estime qu'il ne faut pas les *vendre*, comme se vendent les dispenses, les divorces, les décorations et les anoblissements.

Le gardien de la chapelle Sixtine se fait deux cents francs par jour ; qu'en revient-il au denier de Saint-Pierre ?

CLXIV. — Le Vatican renferme le salut du monde, mais il renferme aussi la pire valetaille, comparable à une colonie napolitaine.

Ce sont de petites choses, dira-t-on ; oui, mais elles tuent la foi, et cet effet est grand, hélas !

XII

CLXV. — Dans le monde moral, le point d'appui d'Archimède est toujours une renonciation.

« À quoi veux-tu renoncer, je te dirai ce que tu obtiendras de la vie ? »

Je dirai au pape :

« À quoi peux-tu renoncer et la chrétienté saura quel est son chef ? »

Or, Léon XIII se laisse acclamer « Pape-roi » et ne veut pas renoncer à la tranquillité, ni à la routine.

Il suffit au mage, à l'artiste, au roi, de renoncer partiellement ; le pontife souverain doit renoncer absolument et non seulement à tout, — à lui-même.

À cette condition seulement, il entrera dans la plénitude des grâces surnaturelles promises à sa fonction.

On sait que la piété dans un village, dans une paroisse, dépend de la tenue du curé ; la religion entière dépend de la tenue du pontife.

Et à ce propos, nous exprimons encore ce même vœu, si simple et si peu exaucé : Donnez aux choses sacrées le même soin que vous donnez aux choses profanes correspondantes.

CLXVI. — En religion, en art et en magie il n'y a pas de détail ; tout importe et vaut.

« Il monte de la terre au ciel (le désir humain) et, derechef, il descend en terre (la grâce), et il reçoit ainsi la force des choses supérieures et inférieures. » Magnifique formule, plus mystérieuse que les aggadismes israélites et qui synthétise le magistère de la foi et la double polarisation de la prière au miracle, qui est toute la religion, si on entend le miracle dans un sens d'harmonie et non en celui de phénomène excentrique.

XIII

CLXVII. — En 1884, Mgr Dupanloup imprimait, à la suite de son catéchisme, la *Doctrine du Symbole*, par Bossuet ; je ne sache pas que depuis quatorze ans l'enseignement religieux ait été réformé, ni les formules de l'évêque de Meaux censurées, et dès lors fils de l'Église, mais fils de l'étude et de la raison, je prétends insoutenables ces enseignements bossuétiques.

« Les mystères que Dieu a révélés sont contenus dans les écritures de l'Ancien et du Nouveau Testament. »

Les onze premiers chapitres du *Bereschut* n'ont aucun sens mystérieux dans la version de saint Jérôme, et à part la vision d'Ézéchiel, j'ignore les mystères de l'Ancien « Tobie, Judith, Esther et Job » sont des saints ; Tobie est un fils pieux et Job est un juste éprouvé ; mais Judith et Esther sont deux catins nationales qui se sont prostituées pour le salut d'Israël : ce sont des patriotes juives, mais non pas des saintes.

« L'Ecclésiastique et le *Cantique* sont des livres d'instruction. » Étrange instruction que ce grand monologue sceptique d'un Hamlet sémite et cette ode amoureuse du Cantique scandalisera toujours !

Bossuet le sent lui-même à ce point qu'il ajoute : « Lorsqu'on lit la sainte Écriture il faut profiter de ce qu'on entend, croire et adorer ce qu'on n'entend pas. »

Et ceux qui lisent sans soumission ? ILS S'Y PERDENT.

Ah ! quelle parole fantastique ; plutôt qu'avouer le danger du livre sémitique, on calomnie le Verbe de Jésus.

J'entends dans le Cantique que Salomon a fait un poème pour une femme nouvelle qu'il désirait ardemment, mais que puis-je adorer dans cet épithalame ? C'est un des plus beaux morceaux de la poésie érotique et rien de plus.

CLXVIII. — Le catholique est celui qui croit le symbole, or le symbole ne fait pas mention de l'Écriture.

Les Apôtres ont été d'affreux patriotes, soudant le livre de leur race au livre de l'Agneau, ou bien de déplorables esprits qui ont pensé augmenter l'action du christianisme en lui faisant de faux papiers d'antiquité, quand la divinité réside dans sa nouveauté même.

Le successeur de Léon XIII rejettera l'Ancien Testament, comme livre canonique.

XIV

CLXIX. — Qu'est-ce que le mal ? Question sans réponse possible. Qu'est-ce que le bien ? l'harmonie d'une volonté avec la norme. Le mal sera donc la dissonance d'une volonté, en face de la norme.

Religion, magie, philosophie, n'ont d'autre but que nous apprendre le respect instinctif ou conscient de la norme harmonique qui est le bien.

Ce respect constitue en même temps notre devoir et notre intérêt ; mais, souvent, nous ne percevons pas ce dernier ; il nous suffirait de réfléchir que s'il y a antinomie entre le bien idéal et notre propre bien, l'édifice moral de l'humanité s'effondre, sans aucune possibilité d'être reconstruit.

Toutes les religions, unanimement, proclament l'identité du bien individuel et du bien idéal et les souverains pontifes ne peuvent donc employer la diplomatie, ni la politique, et doivent agir abstraitement. Y a-t-il identité entre les actes de Léon XIII et le bien idéal de l'Église ? Non, puisqu'il conçoit un bien momentané disconvenant au bien abstrait.

CLXX. — Que ce soient des monarchies, des républiques, des hordes ou deux individus en conflit, la justice est, immuablement, la même ; et comme le pape ne prononce que des sentences idéales, il n'y a pas lieu de penser au mode d'exécution, puisque le maximum de sa sentence est un *Devovere diris*, l'excommunication.

CLXXI. — Les spectateurs de Tannhauser ont peine à comprendre la papauté actuelle : le récit du pèlerinage à Rome ne ressemble pas à l'arrivée narquoise de M. Poubelle au Vatican. Or, le minneginger n'avait profané que lui-même et sexuellement, tandis que l'ambassadeur a mis les scellés sur les tabernacles.

Les temps ont changé ; les papes aussi : mais les papes coupables n'ont pas le repentir terrible d'Amfortas, ils sourient italiennement.

Quand le clergé est en faute, il redoute le chef-d'œuvre, et il n'a pas tort ; ce sont deux opéras qui dans l'esprit occidental font le plus de tort à Léon XIII : il faut reconnaître là cette protestation du Saint-Esprit qui paraît inopinément où l'on l'attend le moins : *Spiritus fluat ubi vult !*

XV

CLXXII. — Le bien par les mauvais moyens est une illusion des très jeunes esprits. Qui n'a eu son heure de superficialité et n'a honoré en son cœur de prétendus beaux crimes ?

Comme la vie humaine n'a pas sa sanction ici-bas, on produit aisément des exemples d'impunité, mais encore faudrait-il descendre au plus profond du criminel pour s'assurer de sa paix.

La seule originalité, en démonstration morale, serait de prouver que la volupté est identique au bien, et que le saint est en réalité le plus grand jouisseur de la vie.

Cakyamouni lui-même a eu besoin des terreurs du devenir, pour son exhortation ; la nouveauté, s'il en est une, consistera à baser la renonciation sur le seul égoïsme. Toutefois, la raison n'est pas assez développée chez l'homme, pour le mouvoir : il veut sentir le mystère et non le percer.

CLXXIII. — La foi sauve et non l'intellection : voilà pourquoi le penseur, libre de son énonciation, doit la soumettre à celui qui fait, même imparfaitement, la nécessaire police des âmes.

Le mal c'est l'homme, non pas qu'il soit mauvais, mais il est imparfait, et cette imperfection constitue le péché toujours possible.

CLXXIV. — La sorcellerie est le phénomène majeur de la niaiserie humaine.

Un malade demanda la guérison à Dieu et la maladie resta ; un passionné demanda le succès de ses désirs, et il ne fut pas exaucé.

Cet homme qui pria en vain, et auquel on avait dit à tort que Dieu intervenait quand il lui plaisait, au cours humain ; cet autre qui voulait contradictoirement à la norme, avaient l'âme trop religieuse pour devenir athées et ils devinrent sorciers ; ils conçurent qu'une volonté toute-puissante seule empêchait la bonne volonté divine et ils s'efforcèrent de désarmer cet ennemi de Dieu ; de là, à concevoir une religion du mal, il n'y eut qu'un pas.

CLXXV. — Le mal n'existe que dans les mouvements désordonnés de l'âme humaine, mais ces mouvements se produisent en toute matière ; et d'autant plus épouvantables que la matière est plus haute et sainte.

Aussi l'humanisme a-t-il le droit d'avertir la papauté que la religion est susceptible de prétexter plus d'abominations que les instincts mêmes.

XVI

CLXXVI. — Le pape n'offre aucune prise au malheur n'ayant ni passions, ni famille, ni aucune attache ou lien, de sang ou de sentiment ; il ne peut être que malade et encore dispose-t-il d'éléments vitaux tels qu'un pontife-mage ignorerait la maladie.

La persécution confirme toujours celui qu'elle frappe ; l'opposition matérielle est impuissante contre la force verbale. Quel est donc le danger du pape ? L'envoûtement que le troupeau produit souvent sur le berger.

CLXXVII. — On serait étonné si l'on énumérait le nombre des pastoureaux, parmi les voyants et les voyantes historiques.

Or, ce qui est dans le monde inférieur correspond à ce qui est dans le monde supérieur.

L'homme forme avec la nature un diptyque aux parallèles exactes.

L'envoûtement de l'Église sur son chef peut revêtir deux formes : l'une fébrile ou fanatique, l'autre d'atonie ou de tiédeur. Actuellement, le Saint-Père doit lutter contre une dépression constante générée par l'âme ecclésiale, amollie, attiédie, et ses concessions incroyables sont le total des faiblesses de l'Église militante.

Tout catholique télépathise à son chef sa ferveur ou son indifférence et si les portes de l'enfer ne prévalent pas, c'est que l'Église triomphante, c'est-à-dire la communion des saints, refait perpétuellement l'équilibre rompu.

CLXXVIII. — En hyperphysique, la qualité l'emporte incomparablement sur la quantité ; un saint vaut mille mécréants, comme un peu d'or vaut beaucoup de cuivre.

Mais la déperdition la plus grave des forces ecclésiales et qu'il faudrait endiguer est ce mysticisme d'art, cette religion de la beauté qui est sainte en soi, mais qui devrait être gironnée à la vraie religion.

La Passion d'Oberammergau et *Parsifal* sont les types, l'un ingénu, l'autre accompli des reprises du catholicisme sur l'esthétique.

Le jour où on prêchera le grand carême de Massillon, où l'on exécutera la messe du pape Marcelle, quel barbare ne laissera le théâtre pour l'Église ?

Elle possède, cette sainte mère, les plus beaux joyaux et dédaigne de les montrer à ses fils, qu'ainsi elle attirerait à elle et conserverait, suivant les rites intellectuels du Saint-Esprit.

XVII

CLXXIX. — Le meilleur traité de morale serait le *Traité de la vraie gloire*.

L'humanité, même chrétienne, apothéose toujours certains mortels et selon ses passion si Napoléon a été fidèle d'une époque. Ni la philosophie, ni la religion ne lui ont refusé les *Te Deum* et les panégyriques. Seul, un sublime représentant de l'humanisme a fulminé, sous ce titre *de Bonaparte et des Bourbons*, une vraie bulle,

Ne touchez pas aux couronnes, disait Platon ; il faut toucher à la couronne pour lui rendre sa vraie forme et son éclat.

L'admiration humaine n'est parfois qu'une goëtie, une invocation aux demi-dieux du mal, et la suprême leçon perverse.

L'exemple contagionne par les palmes qui lui sont attribuées ; ainsi, la déification immorale constitue un prosne satanique, une mission du mal, une chaire de pestilence.

CLXXX. — L'Église a ses saints, l'humanisme ses germes ; chaque nation a ses prétendus grands hommes ; il faut que l'Église reconnaisse les génies et que l'humanisme reconnaisse les saints : ainsi sera réformée la notion d'immortalité.

Quelle lutte serait possible contre la science et la foi unie, contre la double légion fulminante, des héros de la foi et des héros de l'esprit.

CLXXXI. — Une alliance est souvent tout le salut d'un État ; la seule que la papauté puisse consentir est celle de l'humanisme.

CLXXXII. — Une parole qui renonce les erreurs passées, une promesse qui précise l'avenir et l'intelligence humaine reconnaîtra aussitôt dans le vicaire de Jésus-Christ le principe de hiérarchie.

À ce grand fait cérébral, ajoutez l'autre grand fait ethnique, probable et prochain, du retour de l'Église grecque et vous verrez l'aube du catholicisme universel.

CONCLUSION

L'Église, une en puissance, ne sera une en fait que par le retour des Grecs et l'abjuration des Réformes.

Le retour des Grecs dépend de la place qui leur serait faite parmi les électeurs de la papauté.

L'abjuration des réformes dépend de la science et de la métaphysique ecclésiales.

L'Église, apostolique en puissance, ne le sera en fait qu'en accueillant à Rome les nonces de toutes les religions et en envoyant des nonces au siège des mêmes religions.

Car, c'est le devoir de l'Église d'avoir les dissidents pour témoins : et c'est le droit des dissidents d'étudier l'Église et de conférer sans cesse avec ses représentants.

L'Église, catholique en puissance, ne le sera en fait qu'en répudiant pour le dernier de ses clercs jusqu'à l'ombre d'une solidarité nationale.

Tant que l'Église priera à ses offices pour un dynaste ou célébrera un office à propos d'une bataille, elle ne sera pas catholique.

À NOTRE TRÈS SAINT-PÈRE LE PAPE

Si Votre Sainteté n'était pas une abstraction, je lui demanderais pardon de plusieurs expressions vives et pour un mortel offensantes ; mais je la crois digne de sa suprême fonction et dépersonnalisée. On ne peut offenser en elle que l'Église et l'amour même, s'il se trompe ou s'irrite, n'offense pas.

Mes paroles sont des paroles de foi, je les ai proférées, selon mon droit de cardinal humaniste ; je les rétracterais, selon mon devoir de fidèle, si Votre Sainteté l'ordonnait, car Votre Sainteté est infaillible, en matière doctrinale. Dans le gouvernement, elle est faillible, et doit écouter le Conseil et les vœux.

J'ai résumé ici les traits essentiels de la Réforme prochaine et, laissant au Saint-Esprit la décision, j'implore, sur mon intention pure, la bénédiction apostolique.

SAR PELADAN.

CONTEXTES

Le Figaro du 12 décembre 1890 : LE « SAR » JOSÉPHIN PELADAN

M. Joséphin Peladan, romancier paradoxal et non documentaire, mais d'une invention parfois amusante et d'un style curieusement précieux, demande à mon scepticisme (ce sont les termes du billet qu'il m'adresse) de servir encore une fois de truchement à sa foi. La personnalité de M. Peladan est trop originale, malgré ses singularités, malgré ce titre de sar qu'il s'est donné avec une gravité extraordinairement plaisante ; il a trop de talent pour que je lui refuse l'insertion de sa philippique contre le cardinal Rampolla, c'est-à-dire contre le pape.

Une seule chose me trouble dans cette levée de boucliers. Que fait le sar romancier de la phrase évangélique : Rendez à César ce qui est à César ?

Car enfin, il n'y a pas à dire, Jésus ne prêche point la révolte contre Tibère, qui était cependant un homme infiniment moins recommandable que M. Carnot. Et aux bourreaux qui, par ironie, devaient l'appeler Roi des Juifs, il avait répondu d'avance : « Mon royaume n'est pas ce monde. »

F. M.

À Son Éminence, le cardinal Rampolla.

« Éminence,

« L'*Univers* et la *Croix* qualifient de RÉPONSE DU PAPE, sur le *schisme Lavigerie,* une lettre où vous affirmez d'abord que *rien dans la constitution de l'Église, ni dans ses doctrines, ne répugne à une forme quelconque de gouvernement.* — C'est faux, Éminence !

« Mais placé sur le terrain absolument catholique, votre lettre demeure scandaleuse :

« Lorsque les intérêts de la religion l'exigent, et lorsque aucune raison juste et particulière ne s'y oppose, il convient que les fidèles prennent part aux affaires « publiques. »

« L'intérêt de la religion serait-il qu'acceptant la solde de l'*athéisme d'État*, nous abdiquions le droit de le combattre ?

« Sont-ce justes et particulières raisons : le crochetage des cloîtres, le recrutement des prêtres, Jésus-Christ chassé de l'école et de l'hôpital ?

« Les catholiques feront œuvre utile et salutaire s'ils veulent suivre la voie qui les conduira le plus efficacement et le plus promptement. »

« Quelle voie ? Quelle voie ? *Quelle* ? *Quelle* ?

« On peut beaucoup attendre de l'action concordante des évêques, de la prudence des fidèles et surtout de l'action du temps. »

« Ainsi, vous, premier ministre du Pape, vous vous confiez à l'assermentement épiscopal, à la lâcheté des fidèles et au TEMPS !

« Éminence, vous avez écrit aux béguines et, chouan, je vous réponds que votre missive est une sinistre facétie.

« Parler pour ne rien dire, jeter son chapeau sur une question au lieu de la trancher, élaborer un document qui ne signifie rien, cela peut être italien et diplomatique, mais c'est indigne d'un ministre de Léon XIII.

« Avec douleur, je me déclare en rébellion contre vous, quoique fils de l'Église ; et je provoque la Censure, si je l'ai méritée, en vous l'infligeant à vous-même, Éminence !

« Joséphin PELADAN. »

Le Figaro du 8 février 1891 :

LE SAR JOSÉPHIN PELADAN

La lutte du Sar Joséphin Peladan continue entre le Pape et les cardinaux, il y a peut-être là un schisme qui naît. C'est à titre de curiosité, et comme petit document de nos mœurs en 1891, que j'insère cette nouvelle philippique, dont je me trouve le truchement naturel.

Joséphin Peladan à Francis Magnard.

« J'allais vous mander des excuses, monsieur, de m'être adressé à votre scepticisme ; car le Citoyen-Cardinal vous emprunte des textes, et délaye, en un mandement, l'articulet préfaçant ma lettre à Son Ém. Rampolla.

« J'allais mander à ces deux robes rouges tachées l'une de civisme, l'autre d'italianisme, quand... une robe blanche a paru, qui, même à travers un interview, me fait prosterner.

« LE PAPE EST TROMPÉ. Voilà ce qui ressort de cette audience au Vatican. Entre la vérité et Léon XIII il y a les monsignori et l'épiscopat. La vérité ne passe pas — ne passera jamais. La légion citoyenne, la légion italienne font bonne garde : *insomnis draco*.

« On a menti au Saint-Père, puisqu'il croit qu'il y a encore un parti monarchique, et surtout des républicains de bonne volonté, *sanctissima simplicitas*. Les assassins de Louis XVI (musique des Pères Blancs) ont juré de jeter en défi à l'Europe, après une tête de roi, une tête de pape ; les misérables fils de la Révolution se prétendent les vengeurs du Grand Maître du Temple qui était pontife-roi, il leur manque une tiare ensanglantée : voilà le dessein secret de cette démagogie où nous convie le vicaire de Jésus, trompé, trahi, aveuglé.

« Ce n'est pas le Pape, l'être abstrait et infaillible, qui a parlé à M. Bonnefon, c'est l'homme, et l'homme italien. Je crois accommoder vénération et ma resistance en opposant au Léon XIII du tête-à-tête le Léon XIII de l'*Encyclique Diuturnum*, juin 1884. J'ai joint en note le texte latin, que vous publierez, monsieur, si vous le jugez nécessaire.

« *Le cas unique où on ne doit pas obéir est le cas où ce qu'on demande répugne ouvertement au droit naturel ou divin ; car il est aussi défendu* d'ordonner que d'accomplir ce qui viole la loi de nature et la volonté de Dieu. Si donc quelqu'un se trouve dans l'alternative de désobéir aux ordres de Dieu ou aux ordres de l'État il doit obéir à Jésus-Christ ordonnant « quæ sunt Cæsaris Cæsari, quae sunt Dei Deo », et répondre courageusement à l'exemple des apôtres « Il faut obéir à Dieu plutôt qu'aux hommes. » Et on ne peut accuser de désobéissance ceux-là, car si la volonté du gouvernement lutte contre les lois de Dieu, cette volonté a dépassé son droit et sort de la justice ; or, toute autorité qui viole la Justice cesse, dès cet instant. »

« Et maintenant, je demanderai à l'auteur de tant de scandales, au primat d'Afrique, si devant le droit d'accroissement et ce baiser mystique de M. Clémenceau à la guillotine, son adhésion ne tombe pas sous le *æque nefas est imperare et facere*.

« Je demanderai au cardinal Rampolla si, en obéissant à la loi du recrutement, les séminaristes n'ont pas désobéi à Jésus-Christ ; *aut Dei aut principum jussa negligere, Jesu-Christo parendum est reddere jubenti.*

« Enfin, si Sa Sainteté daignait s'inquiéter de ces brillants chrétiens, émules des hommes catholiques du second tiers de siècle, dont je suis le coryphée, je le supplierais de nous dire si :

« *Principum voluntas cum Dei pugnat voluntas nulla est* s'applique ou ne s'applique pas aux lois sur les congrégations, les écoles et l'accroissement.

« Indifférent à toute politique et scientifiquement convaincu que la latinité est finie, je n'ai proféré ici que des paroles de catholiques romain, l'Église étant la seule chose éternelle. »

« SAR PELADAN. »

Copyright © 2025 by ALICIA EDITIONS
Crédits image : Canva, Wikipédia Commons
Tous droits réservés

www.ingramcontent.com/pod-product-compliance
Lightning Source LLC
LaVergne TN
LVHW092007090526
838202LV00001B/30